Más allá de la conquista

Hernán Cortés

La verdadera historia

Más allá de la conquista

Hernán Cortés

La verdadera historia

ANTONIO CORDERO

AMERICAN
BOOK GROUP

MÁS ALLÁ DE LA CONQUISTA. HERNÁN CORTÉS. LA VERDADERA HISTORIA

Fecha de publicación: Mayo 2023

Autor: © Antonio Cordero

Elaboración de textos: Santos Rodríguez

Copyright del editor de la presente edición:
© 2023 American Book Group

Copyright del editor original:
© 2023 Ediciones Nowtilus, S.L.

Fotografía de cubierta: © Esteban Martinena Guerrero / Dreamstime.com

ISBN ABG: 978-1681656-90-8

Impreso en los Estados Unidos de América

AMERICAN
BOOK GROUP
AmericanBookGroup.com

A Alejandra

Agradecimientos

Gracias:

A los míos, quienes llegaron y se fueron antes, favoreciendo se filtrara en mí el espíritu de la historia. No tienen la culpa de mis obsesiones, pero sí son responsables de algunos de mis afectos.

A mis padres y hermanos, por estar.

Al escritor e historiador Christian Duverger que, entusiasta, leyó el manuscrito haciendo precisiones importantes.

Al Doctor Alejandro Carrillo Castro, entendido del tema y entendedor de la necesidad de recuperar la verdad de nuestros personajes históricos. De paso, se atrevió a prologar la primera edición.

A Daniel Borbolla, promotor cultural que «empujó» y coordinó la publicación de este escrito.

Al historiador e investigador Carlos Sola Ayape, experto en las relaciones de nuestros países, por lo que entiende mejor que nadie que la cuestión de México mucho tiene que ver con la España de donde él proviene. Además le quité mucho del poco tiempo que tenía.

A Ramón Cifuentes y Santos Rodríguez, editores de oficio, por lo que saben librar tormentas.

Al reconocido filólogo y catedrático español Lidio Nieto, un claro ejemplo de que se pueden combinar las virtudes del vino con la literatura (él lo entiende). Cuando le pedí una opinión de mi escrito, me ofreció una asesoría profesional y detallada. Yo agradecí el gesto, pero no quise aceptar de manera contundente su propuesta por no «molestarlo», evidenciando de alguna manera una mexicanísima característica a la que contestó: «revisaremos el texto. Por favor, dímelo claramente. Recuerda que soy castellano y me gusta la franqueza y la sinceridad. Sin rodeos». Firmeza que agradezco profundamente. El libro no sería el mismo sin la levadura lidiana.

A los que leyeron y revisaron estas líneas. Desde el afecto parcial de mi hermana Pilar, al interés de muchos y desdén de otros. A todos, gracias.

A mis amigos, a quienes les importa un bledo el tema, pero juntos encontramos un motivo más para regocijarnos en la crítica de mis pasiones.

A mi querido Germán Ortega Chávez, maestro y amigo que con sabiduría conjuga humor y conocimiento.

Al historiador Pedro Fernández Noriega, por su comentario tan preciso.

Mi gratitud (por las ilustraciones en la primera edición) está siempre con los artistas que enriquecen todo con su talento. Ustedes son «los notarios del tiempo», dan fe de lo que sucede, de manera hermosa. Gracias a Rafael Cauduro, Víctor Contreras, Antonio Luquín, Ismael Ramos, Narcissus Quagliata y Marco Zamudio. Son personas normales que hacen cosas extraordinarias, lo que ya los descalifica como lo primero. A mi tío José por su aprobación post mortem del uso de sus magníficos dibujos de caballos.

Finalmente, dedico este libro a mi esposa Alejandra, mi pirámide (en la que a menudo me sacrificaría) y mi catedral, y a mis hijos Marco, Jerónimo y Pedro, haciendo votos para que sean ciudadanos del mundo conscientes de su mexicanidad.

Cortés no sabía que la gloria de los grandes hombres es como la semilla de los grandes árboles; tiene un periodo en que es flor y se abre lozana, pero dura poco; después, convertida ya en semilla, necesita pasar largo tiempo sepultada en el olvido, para levantarse sobre la tierra, espléndida y vigorosa, desafiando el huracán de la calumnia y las tempestades de la envidia.

Vicente Riva Palacio,
«México a través de los siglos»

Índice

Prólogo

Amable lectora, amable lector:

Me asiste el convencimiento de que tiene entre sus manos un gran libro. Le aseguro que gozará su lectura, inquietará sus pensamientos y no pocas creencias y le dejará un poso de reflexión sobre nociones de tanta valía como la mismidad y la otredad. Verá que estas páginas recrearán su valoración de ciudadanía consciente y comprometida, doble naturaleza que me consta por el simple hecho manifestar interés por la presente obra.

Si bien la curiosidad por la lectura comienza por el título[1], francamente prometedor, afirmo también que Antonio Cordero, nuestro autor, ha concebido su manuscrito no solo

---

[1] La versión original publicada en México se tituló *Hernán Cortés o nuestra voluntad de no ser.*

17

pensando en sus paisanos mexicanos, sino también en España y los españoles. Su particular forma de tratar la problemática —siempre fascinante y retadora a la luz del intelecto— es una invitación a situarnos en el epicentro de la singular relación bilateral hispano-mexicana, dos países que, desde hace dos siglos, transitan por veredas diferentes, pero que comparten un pasado común.

Y, al respecto, creo no estar equivocado al afirmar que, en materia de raíces compartidas, España y México pueden presumir, sin rubor alguno, de un patrimonio propio, porque es más lo que les une de lo que, en realidad, les separa. Siendo este país americano uno de los altares donde se venera la figura de Cervantes y su Don Quijote, constato cada día la presencia de ese puente entre ambas esquinas de La Mancha.

A decir verdad, una de las muchas tesis que comparto es que, por momentos, nuestro presente pareciera opacarse por una niebla espesa ante la recuperación disímil de un pasado enquistado en una retahíla de temas que nuestro ciudadano autor aborda con una decidida y serena responsabilidad. Determinación necesitaba para tal abordaje y determinación le ha sobrado al consumar el final del trayecto.

A lo largo de estas páginas, y al vaivén del entrelazamiento de las palabras, emergen figuras históricas como Hernán Cortés, Moctezuma Xocoyotzin o la tan conocida Malinche; fenómenos religiosos como la aparición de la Virgen de Guadalupe ante Juan Diego y su ayate y también temas de gran trascendencia histórica como la conquista española de aquellas tierras mesoamericanas, la evangelización producto de la labor misionera de religiosos, que fueron sembrando de pilas bautismales la Nueva España o la herencia poliédrica que testó el virreinato novohispano. A modo de tesis, se advierte que, en lo que hoy es México, España no dejó conquista ni conquistados, sino civilización y civilizados. He aquí uno de los pilares donde se asienta la arquitectura de este libro.

Empero, con arrojo nuestro autor también aborda esas particulares duplas enquistadas en el imaginario colectivo, mismas que parecieran indispensables en la emotiva recreación de nuestro pasado histórico. Como si se tratase de un maniqueísmo adictivo, las páginas de este libro también acogen a esos héroes y villanos, a esos buenos y malos, a esos ángeles y demonios, en suma, a ese doble constructo sustentado en el parteaguas del mito y la realidad.

Frente a semejante pórtico, el análisis nos invita a explicar y comprender el pasado desde la debida contextualización histórica, despojando el ánimo de prejuicios varios, bajo la premisa última de abrazarlo sin resentimientos. Puesto que la explicación requiere de serena racionalidad y el enjuiciamiento, de arrebatada emotividad, la propuesta se encarama sobre el fiel de balanza que mira, con prudencia, distancia y por igual, la historia y la memoria y a su extraño y no siempre afortunado maridaje.

La temática y el afinamiento de la mirada bien lo ameritaban y, con el fin de estar a la altura del reto, el resultado final es un manuscrito bien pensado y mejor escrito que a nadie dejará indiferente. En su condición de artesano de la palabra, Antonio Cordero sabe cuidar la forma porque, primeramente, quiso cuidar el fondo. En él no hay improvisación, ni simulación, ni mucho menos máscara, sino un intento genuino por contar «su» verdad, postergando la opinión en pro de la argumentación. Se agradece, por consiguiente, la honradez intelectual al cuajar el deseo de huir de simulaciones y hasta pretensiones ventajistas.

Planteado el enfoque, cada página se convierte en una caja de resonancia donde la palabra entretejida da forma a un hilo narrativo bien urdido. Concebido desde el aseo académico, el manuscrito va adquiriendo naturaleza de ensayo, donde el que escribe se mueve tan libre como certeramente en el venero de la interpretación y la reflexión. Buscar respuestas haciendo preguntas es el objetivo que se propone desde el inicio.

El resultado final es una prosa vibrante, que le permite al autor –no podía ser de otro modo– abordar un tema espinoso particularmente por las múltiples emociones encontradas que, aún a fecha de hoy, sigue generando. ¿Por qué será?, se preguntará amable lectora o amable lector. Desde las primeras páginas, el escritor nos deja sobre la mesa una primera e inquietante pregunta: ¿acaso el México del siglo XXI es heredero de una tierra conquistada o, por el contrario, lo es de una tierra civilizada?

Como el lector irá descubriendo, el que propone reclama para sí y para los demás el derecho ciudadano de conocer la verdad –para la ocasión, la verdad histórica–, a través de la búsqueda consciente y del rigor metodológico que brinda la disciplina de la Historia, bajo la premisa de conocer verdaderamente el pasado para saber qué hacer «en» y «con» el presente. Por ello, y a modo de anclaje de partida, la mirada debe hacerse distante, serena y racional, bajo la encomienda de ser brújula que oriente los vectores del porvenir. En suma, la provisión de un conocimiento que, lejos de ser arma arrojadiza o distractor malintencionado para ocultar acuciantes problemas del presente, asegure un caudal ingente de aprendizajes, puestos al servicio de la construcción de la verdad como un derecho ciudadano irrenunciable. Renegando de la lectura única, se nos invita a recrear el caleidoscopio de miradas, bajo el único requerimiento de la argumentación.

A este respecto, se agradece, y mucho, la autenticidad del autor y su compromiso de no huir, ni mucho menos esconderse, a la hora de mostrar su forjada opinión. Su mérito consiste en apartarse del miramiento emocional, pauta tan común en la gestación de las viejas narrativas nacionales, para formar una propuesta arropada con el don siempre necesario de la mostración y demostración. No concibe maniqueísmo alguno y, si bien no es historiador, y así lo reconoce, tiene la virtud de adentrarse en el proceloso territorio del pasado histórico, rodeado de reconocidos historiadores y de sus aportaciones bibliográficas. Invita a la búsqueda para cuestionar los dogmas.

El autor no solo es mexicano, sino de ascendencia mexicana por los cuatro costados, dos cualidades que, en otras circunstancias, pasarían desapercibidas si no fuera por el hecho de que Antonio Cordero también se declara español, una declaración rotunda y sin tapujos, tal y como la hicieran aquellos hispanistas mexicanos del siglo xx como José Elguero, Alfonso Junco o Jesús Guisa y Azevedo. Los mexicanos «somos España», matiza a modo de exhorto, dando la espalda a la inveterada carga de prejuicios que, como capas de cenizas, han venido cubriendo y momificando, y hasta fechas presentes, la verdad histórica en su país natal. Valora y argumenta, partiendo de la base de que, antes de la llegada de los españoles a territorio mesoamericano, su México natal no existía como nación. Por ello, y en calidad de ciudadano de su tiempo, piensa y se piensa al margen de esos estereotipos trabados, dando paso a contemplación tranquila pero crítica de la historia, así como de la memoria que envuelve al gran personaje y figura central en su libro: Hernán Cortés.

A quinientos años –se dice pronto– del arribo de este extremeño a aquellas costas de América, su presencia sigue viva en el imaginario colectivo como cuña que une y a la vez desgaja. Consciente del hecho, la intrahistoria de este libro se concibe como un ejercicio de diagnosis con su consiguiente prontuario de respuestas. Y el autor nos lleva a la raíz del problema: ¿es Hernán Cortés o, más bien, todo lo que se ha venido haciendo, con buena o mala intención, con su figura y legado? Siendo pregunta que insinúa respuesta, de la lectura del libro se desprende que la subjetividad sigue sacrificando a la objetividad y, por tanto, solo el conocimiento del pasado nos puede llevar a revisar y hasta desmantelar la supuesta verdad de tan arraigadas memorias.

Consciente de los prejuicios como agentes hacedores de la psique colectiva, el investigador toma distancia crítica de relatos tan sesgados como interesados, sabedor de que las memorias oficiales y sus particulares narrativas acabaron imponiéndose a esa pretendida verdad histórica. Por eso, entre líneas, se advierte su encomienda de dudar de lo aprendido y de fomentar el acto contemplativo de aprendizaje cancelando el juicio peyorativo. El actor y el hecho recreado en su debido contexto.

En un ejercicio de honradez profesional, rescato del autor su anhelo por mirar de frente a los problemas, de diagnosticar su génesis, de analizar su etiología, de explicar sin condenas y de resolverlos de manera consciente o, cuando menos, de señalar la ruta de salida. Ciertamente, es un libro de respuestas, tal y como se advierte en la portada, y una invitación a reflexionar sobre ese «nos» colectivo –consciencia empática de sí, del otro y del común–, reclamando la presencia de ese ciudadano del siglo XXI, desprovisto de prejuicios inventados y hasta de atavismos heredados. Un escrito que busca educar la mirada para salir al encuentro de la conciliación, donde se concibe y se entrega un documento con vocación propositiva, en busca de lo que llama un «pensamiento conciliado».

Buena parte de esas preguntas tienen por objeto descubrir las raíces de una tradición memorística oficial basada en la calificación del pasado desde la cosmovisión del presente –y los otros presentes pretéritos–, incurriendo premeditadamente en lo que nomina como la «temeraria praxis de la especulación». «Creamos dioses y demonios a nuestra imagen y semejanza», añade. Dicho de otra forma, esa memoria oficial que, a modo de verdad absoluta, condena, exonera y a la vez reduce la realidad de ayer a un santoral de héroes y villanos: para los primeros, pedestal en el altar patrio; para los segundos, ignominia, distorsión y olvido.

Contra ello se rebela nuestro autor, que se muestra, sin tapujos, como un gran defensor de la figura y obra de Hernán Cortés, a quien considera el principal impulsor de la nacionalidad mexicana, lamentando en consecuencia que México siga cometiendo el viejo error de tener «recluido» al «principal constructor del país» en una pequeña urna, de una descuidada iglesia, de un olvidado hospital de la capital mexicana. Además de esta reclusión, que anuncia fractura interna y ausencia de reconciliación del «nos» colectivo con su propia biografía nacional, la lectura recuerda el olvido infligido contra Cortés en los anales oficiales y la consiguiente condena como si se tratase del primero de los villanos, un parricidio contra el fundador de un país que, en palabras del propio creador, bien podría llamarse, por méritos consustanciales, «Cortesia». Por todo ello, el libro se presenta como un reclamo contra esa manipulación «irresponsable y cortoplacista», que se ha hecho de la figura de Cortés durante los dos siglos del México independiente.

Desde esta perspectiva, Antonio no oculta una realidad que persiste, donde Hernán Cortés se presenta como punto de fractura, como ese símbolo de explotación que nutre una «leyenda negra», debidamente alimentada por quienes, en su día y hasta la fecha, desde adentro y desde afuera, recrean la hispanofobia para provecho propio. Si bien sabe que hablar de Cortés es «causar polémica», no tiene reparo alguno en afianzar su tesis: «Cortés es ante todo México». Por eso, y frente al viacrucis de su desprestigio, aboga no solo por el rescate consciente del personaje y por una valoración racional de su legado, sino que alerta de las graves consecuencias de su olvido.

Si bien el ensayista hace hagiografía y hasta panegírico de Cortés, también advierte que lo hace para reivindicar esa verdad histórica y no para evocar acostumbradas falacias propagandísticas de quienes se siguen sabiendo conquistadores o de quienes recrean su victimismo en su noción consciente de conquistados (o sometidos). Así se deja bien claro –tesis que comparto–, que Cortés no puede seguir siendo nutrimento legitimador de banderías al uso, sino fuente de aprendizaje para la reunión de ese «nos» mexicano –y añadiría para la ocasión, hispano-mexicano– que, a fecha de hoy, y después del paso de tantos y tantos años, pareciera seguir fragmentado. Superar estos maniqueísmos es intención del autor, partidario como es, eso sí, de un solo anhelo para México: el descubrimiento del «nosotros».

Como se dice, Antonio analiza ese «colectivo» al que pertenece en su condición de mexicano –y hasta español– para avanzar una inquietante reflexión: «no hemos tenido ganas de pensarnos; nos da miedo buscarnos, porque, en una de esas, nos encontramos». De nuevo, la ausencia de una reconciliación del mexicano con su propia biografía nacional, una apelación que también serviría para procurar la revisión de la particular relación entre España y México.

Por ende, reclama la pertinencia de una mirada interior consciente, con el único propósito de salir de la trampa en la que se encuentra enquistado el «ser nacional» de un México que ha venido siendo rehén de una mitología patria, «tan útil a la historia oficialista estancada y estancadora». Por eso, y de nuevo, el libro nos pone en la senda de la propuesta para descubrir que la solución pasa por la recuperación de esa herencia rechazada, esto es, por la vivificación de toda huella de «lo español». Frente al señalamiento de la orfandad, el ocaso definitivo de la misma pasa ineludiblemente por lograr ese tránsito que asegure la conciliación de México con su particular «hormonismo histórico», una de las acertadas expresiones en el libro.

Pongo el punto final a este introito y les dejo con la vibrante prosa de Antonio Cordero. Nuevamente, les hago la cordial invitación a leer este libro, de principio a fin, aunque siempre con las pausas debidas para asentar la reflexión. Si secunda el propósito, navegará por las aguas calmas de sus páginas con la brújula de la explicación, pero nunca del juicio. Para quienes se sienten cómodos oteando fronteras nuevas, disfrutarán y aprenderán de su lectura; para quienes, por el contrario, se aferran a los estereotipos arcanos, con mayor razón hago la invitación a que lo lean. Me consta que solo la lucidez puede vislumbrar de nuevo el rumbo, tantas veces perdido, más aún en estos tiempos de tanta incertidumbre y confusión, aunque para ello sea preciso abrir con serenidad, prudencia y suma responsabilidad la Caja de Pandora del pasado.

Carlos Sola Ayape
Doctor en Historia y profesor e investigador
en el Tecnológico de Monterrey
(campus Ciudad de México).

Prefacio a la presente edición

Nota aclaratoria:

Antes de lo sustantivo, mencionemos la forma en que este libro fue escrito. Al inicio fue concebido únicamente para el lector mexicano, después se valoró la importancia de hacerlo conocer al resto del público interesado en los temas del papel del hispanismo en la historia del mundo, para lo que se adaptó esta versión. El resultado es el siguiente, no sin esfuerzo de quien aceptó la tarea de conciliar un estilo personal muy mexicano a otro que pudiera comprender con facilidad quien no esté habituado al mismo. No obstante, para no desvirtuar el sentido de algunos fragmentos, se estimó apropiado respetar la dirección íntima y forma gramatical que tenía el texto original en ciertas partes.

Entonces, digamos:

Tienen razón quienes piden a España que se disculpe. Como las personas, toda nación que ofende a otra debería hacerlo. Motivos hay muchos y por los cuales ya varios perdones y en distintas épocas se ofrecieron. Pero si se demandan justificaciones de otro, si se es congruente, antes habría

que reconocerle sus contribuciones. Correspondería entonces enviar, primero, un detallado pliego de agradecimien-
tos, extensos listados de legados recibidos y una medalla al
mérito acompañada de carta explicativa de por qué la primera solicitud no debe ser tomada en serio. Después, tener
muy claro de qué España se pretenden cuentas: de la de allá
o la de acá. La de América se llama México, porque todos
sus habitantes también son España, desde el Presidente de
la República hasta el indígena más puro con el que se enta-
bla comunicación. Poder hacerlo, hablar, es la prueba más
clara del legado español. Los hispanoamericanos, los que
llegaron hace 500 años, hace 40 o los que ya estaban hace
5.000 y se latinizaron, lo son. Los primeros tendrían que
enviar la mencionada diligencia después de la entrega de los
documentos. Y como mexicanos – yo mismo me incluyo–,
también debemos exculparnos por las horribles ofensas que
cometimos contra nosotros mismos a lo largo de las centurias en las que todavía no éramos España: fuimos muy du-
ros y crueles entre nosotros y apenas nos conocíamos. Sería
una larga y absurda cadena de absolución.

Otra petición lamentable es la que hizo públicamente en
una entrevista con un conocido periodista una diputada del
Partido Verde Ecologista de México[2]. Omito su nombre para
no avergonzar a sus hijos o nietos si en un futuro leen este
escrito. Sugirió, con una clara intencionalidad política, pero
también con ingenuidad que llama a la ternura, la desaparición de todos los monumentos de Cristóbal Colón y Hernán
Cortés que hubiese en México, «para no ofender a los pueblos originarios». Es decir, aspiraba no al retiro de objetos de
bronce, sino a la negación de la cultura misma. Todo ser humano es beneficiario de la cultura y, como probablemente
esté de acuerdo el lector conmigo después de contar con su
paciencia, los pueblos originarios, los secundarios o los que

---

[2] Cuando este prefacio fue escrito no habían retirado aún el monumento a Colón,
del Paseo de la Reforma, en la Ciudad de México. Lo que se creía una ocurrencia,
pronto fue una acción de una ideología corta.

resulten de las mezclas de todos los anteriores, no solo son beneficiarios de la cultura, son la cultura. La legisladora no propuso un debate de especialistas, tampoco hizo un llamado a la investigación histórica, a la revisión o análisis de hechos, sino exigió la negación del pasado, borrarlo (por eso el presente se tambalea).

Con el mismo criterio de la diputada, o más bien, con igual falta del mismo, habría que retirar los miles de bustos de los emperadores romanos regadas por Europa debido a los excesos que infringieron a los conquistados y gobernados, los de los santos que impusieron su fe a la población de distintos lugares, las estatuas de deidades mitológicas que abundan en el mundo, los monumentos a Cuauhtémoc y los otros señores del Anáhuac que acabaron con sus iguales para ascender al trono, o el de Mickey Mouse que custodia el acceso a Disneylandia[3]. En fin.

Cómo exigir en el extranjero que a los mexicanos se les reconozcan ciertas cuestiones si niegan lo que más podrían exhibir para ser bien tratados. Debemos examinar la complejidad del dilema y aceptar que no hay, en la cultura, buenos y malos. Los que creemos buenos, no lo son tanto, y los malos, tampoco lo son mucho.

No obstante la dicotomía en la que vivimos, por un lado la esperanza de un mejor futuro que incluya a todos, y por otro, el reino de la «cangrejocracia»[4], este es el momento histórico para reanudar el futuro. Se necesitaría hacer una limpieza nacional y reinterpretar la propia cruz.

El simple hecho de cuestionar, en territorio mexicano y en la propia España, que la celebración del quinto centenario del encuentro de dos mundos puede molestar al gobierno y al

---

[3] Un concejal de Segovia, España, sugirió destruir el acueducto romano de esa ciudad «para borrar la huella de esa conquista». Ilustres luminosos hay en todas partes del mundo.

[4] Neologismo proveniente del griego *kratein* («gobernar») y «cangrejo», el cual describe al sistema que, como hacen esos animales, se desplaza hacia atrás, en lugar de avanzar.

pueblo de México, es razón suficiente para atender de manera urgente las causas reales, las internas de tal malestar. Esta es la oportunidad de autoexaminación para saber a dónde vamos y si vamos bien. No hemos tenido ganas de pensarnos, nos da miedo buscarnos porque, en una de esas, nos encontramos.

Hoy, a menos que se siga redundando en la torpeza, debe entenderse que la identidad mexicana es resultado de dos vertientes con capacidades sobresalientes. Liberarse de prejuicios y reconciliarse con uno mismo da lugar a lograr lo extraordinario. La conquista de hoy es el descubrimiento de los mexicanos.

Por último, no me quiero quedar sin una reflexión particular para esta edición. Pienso cuán distintas perspectivas tendremos de lo mismo en ambos continentes. Entiendo que en España, así como en otros países de Europa, la visión de Cortés es de un caudillo, un avezado guerrero, un segundón; un personaje histórico más de ese pedazo de la historia tan importante para España.

En México en cambio, Cortés es un personaje de relevancia determinante en nuestra historia, dueño de los principios y de las consecuencias, que sin embargo, una gran mayoría niega. Por eso me invade la curiosidad por descubrir la opinión que la lectura de este análisis tendrá en el lector no mexicano.

Introducción

Hablar de Hernán Cortés es causar polémica. El propósito de este escrito es provocar aún más. No responder, sino hacer preguntas que obliguen a escudriñar hasta el fondo de la conciencia.

En el 2019 se cumplieron 500 años del inicio de la gesta de la Conquista y, dos años después, 500 de su culminación. Es tiempo de reflexiones. Medio milenio no es cualquier asunto. Resulta necesario cerrar un ciclo doloroso para abrir una etapa de aceptación que conduzca con serenidad al futuro.

Quise empezar declarando mi pretensión objetiva e imparcial sobre la cuestión cortesiana, pero después de releer mis palabras opto por la versión apasionada de mí mismo y no la veladamente hipócrita que a veces nos empeñamos en representar.

Entenderé que no todos coincidan conmigo, porque aunque crea que esto es la verdad, no por ello quiero imponerla, pero sí proponerla y, más, desvelarla. No soy un obseso de la verdad. Creo que todos tenemos derecho a conocerla, aunque, también, en ocasiones, la responsabilidad de no decirla, salvo que nos perjudique a todos, en cuyo caso habrá de irse liberando con prudencia, como el buen administrador que gasta para recuperar la inversión.

Me adentro en la historia como un viajero y me escudo en la inmunidad que me otorga mi calidad de ciudadano observador. La historia se escribe siempre de manera retroactiva; no es sino un recuento, una narración personal de lo que sucedió según la visión de quien lo escribe, pues así nos convertimos en el presente, en autores del pasado.

Hoy, lejos de las circunstancias que determinaron la versión de los hechos concretos de una época, podemos tranquilamente hacer una lectura más objetiva de lo que en realidad pasó, sin pesos emocionales ni juicios racionales cargados de intención. Nos volvemos dioses de la nueva creación remota cuando la lejanía disuelve la primera pretensión. Sin embargo, la verdadera utilidad de la historia no es conocer lo que sucedió en el pasado, sino saber qué hacer en el presente.

Lo apremiante es el análisis de los efectos de esa historia. Si han sido buenos, cabría preservarlos; si han resultado perjudiciales, reinterpretarlos para iniciar la corrección, extirpar prejuicios, ampliar la perspectiva. Estoy convencido de que en el futuro entenderemos más nuestro pasado.

Esta no es una biografía del conquistador ni el relato de sus acciones; es un conato de rescate del personaje y un intento de concientización –¡qué iluso!– de las consecuencias de su olvido. También una reflexión para dejar de lado la historia y explicar al mexicano, explicarNOS. El esfuerzo se hace sin la intención de demeritar a nadie, ni persona ni grupo. Al contrario, al posicionarlo nuevamente, quiero ayudar a complementar la imagen que el pueblo mexicano tiene de sí mismo.

Entramos ya en la modernidad sin resolver nuestro pasado, preocupante, como se verá más adelante, si consideramos las consecuencias de arrastrar vicios de origen. La maquinaria mental mexicana se ve constantemente atorada por rebabas que hemos sido incapaces de pulir, pero como colectividad tampoco queremos ni siquiera distinguir. Resolvemos ingeniosamente «ahorita»[5] nuestros problemas, pero en lo sucesivo tropezamos, una y otra vez, con «algo» que no anda bien y, llegado el momento, esa inquietud, sin rostro preciso, se torna urgente de sanar para poder continuar. En esas andamos.

Por eso, mientras no se encuentre el equilibrio, hablar de Hernán Cortés será tomar partido: los imparciales se quedarán truncos, nos privarán de su opinión personal, del riesgo de confrontar. No pretendo, por otro lado, exponer una visión apologética del personaje, pero sí compensatoria ante la falta de ánimo reivindicatorio para ayudar a colocarlo donde le corresponde, no más, pero tampoco menos.

---

[5] *Ahorita* es una expresión idiomática del español mexicano para referirse a un periodo temporal indeterminado y ambiguo. Puede ir desde «dentro de un momento», hasta varios días, meses, años o nunca. Forma parte de la mala costumbre cultural de postergar o no tener el valor de decir claramente que no se desea hacer algo.

Capítulo I
Cortés y México

Cortés es, ante todo, México. Sin embargo, el estudio de su vida colma de escenas de todo el mundo: de España, de Extremadura, donde nace y se cría el ambicioso soñador; de Salamanca, donde absorbe el joven sus primeros conocimientos legales y cobra conciencia de la universalidad del ser humano. Ya en América, en Santo Domingo, se estrena como soldado y comerciante, descubre sus dotes de organizador y funge como escribano. En Cuba, se forma como político dentro de la alcaldía de Santiago, emprende negocios agrícolas, de ganado vacuno y caballar, explota la minería, se convierte en naviero, es mercader de altos vuelos. Ahí amasa una considerable fortuna que compromete en su totalidad en la aventura mexicana que patrocina como principal empresario y comanda de capitán. Es respetado y sabe mandar, ¿a quién mejor encomendar una expedición?

La empresa de la conquista de México se gesta en Cuba, donde Hernán Cortés destaca como político en la alcaldía de Santiago. También fue empresario agrícola, minero, comerciante, ganadero y naviero. Ahí amasa una considerable fortuna, que compromete en su totalidad en la aventura mexicana (este mapa reproduce el error inicial de los primeros cartógrafos que ubicaban La Habana al sur, cuando en realidad está al norte frente a la Florida).

Llega de las Antillas a México por el Caribe, el cual domina, recorre las costas de Yucatán y Cabo Catoche, desembarca en el Cozumel de la diosa Ixchel y sigue por la Isla de las Mujeres. Son los contactos que originan su odisea mexicana. Curiosamente estas playas, bañadas por el mar azul que toca, son la porción del país que más tarda en desarrollarse cuatro siglos después. Quintana Roo fue el último territorio en convertirse en entidad federal.

Cortés remonta a Tabasco, donde se dan las primeras escaramuzas: el militar prueba sus fuerzas con prudencia. Ahí conoce a Malintzin, la famosa Malinche, importantísimo puente lingüístico e intuitivo asesor femenino en la estrategia general de la Conquista. Destaca Veracruz, donde funda el primer ayuntamiento de la América continental, con lo que reviste de legalidad sus acciones (había que desmarcarse de la autoridad cubana, dependiente de la de Santo Domingo, que lo envía). Continúa por la ruta de Cempoala, Tlaxcala y Cholula hasta el Valle de México, enmarcado por su cordillera. Ahí se imponen los volcanes guardianes y utiliza el paso que lleva su nombre.

La ruta de Cortés: el futuro conquistador llega de las Antillas, desembarca en Cozumel y recorre la costa hasta entrar al Golfo de México. Después, baja a Centla, Tabasco, donde libra la primera batalla, y llega al actual Veracruz, donde funda el primer ayuntamiento. Cempoala, Tlaxcala y Cholula son las ciudades más importantes que domina antes de llegar a México-Tenochtitlán.

Ya en la Ciudad de Tenochtitlán, que después nombraría de México, donde se consuma la hazaña, todo se relaciona con el conquistador: la plaza mayor, los primeros palacios, el hospital, los conventos, los lagos que aprovecha. Desde luego, llega a Coyoacán[6], que propone como sede de la primera capital de la Nueva España, para no destruir la gran Tenochtitlán, y la cual elige como morada principal en sus estancias capitalinas. A Cuernavaca[7] se retira para no chocar con las audiencias y otras autoridades peninsulares, la escoge por su clima privilegiado. Erige un palacio de inspiración extremeña, copia del de Santo Domingo, primero en América, donde vive con su segunda esposa, Doña Juana de Zúñiga, noble española y a quien llena de hijos.

---

[6] Coyoacán es una de las 16 demarcaciones de la Ciudad de México. Durante la época pre colonial fue una entidad política independiente de Tenochtitlán, pero ligada a esa gran ciudad prehispánica.

[7] Cuernavaca es la capital del estado mexicano de Morelos, aproximadamente a 90 kilómetros de la Ciudad de México. Fue fundada por la etnia tlahuica, cuyas construcciones se usaron como material para establecer los marquesados y el Palacio de Cortés.

Se enseñorea en los pueblos del hoy Estado de More-los, donde desarrolla diversas actividades agrícolas y gana-deras, dejando edificios de toda índole. Adopta Oaxaca para nombrar su marquesado debido a su importancia comercial, minera y cultural. Las costas del Pacífico las explora exhaus-tivamente con barcos armados en sus propios astilleros de los puertos que construye, y donde organiza los primeros viajes de comercio marítimo al otro gran imperio de América, Perú, abriendo brecha a una de las rutas comerciales más importan-tes de la navegación mundial, que coronaría después la Nao de la China con toda su derrama económica y cultural.

Por paisajes tan distintos como los desiertos de Califor-nia se aparece también el fantasma de Cortés, y no de mane-ra fortuita sino contundente: cuatro expediciones organiza, financia y encomienda. La tercera la dirige hasta fundar La

Llegada de Cortés a Veracruz y la recepción de los embajadores de Moctezuma, anónimo.

Paz. En otra marcha, uno de sus capitanes sube al norte hasta un imponente y revoltoso río al que nombra Colorado. En todas las travesías pierde recursos, hombres y fortuna. Imaginemos el carácter del hombre que no desfallece ante los elementos y fracasos, sino, al revés, utiliza estos como basamento de sus siguientes acciones. Cuánto les deben hoy los ricos californianos de la alta y baja California a los primeros exploradores de su tierra bronca.

La expedición a las Hibueras (Honduras), en 1524, es una proeza comparable solo con la de Magallanes: el contingente atraviesa una de las selvas más densas del mundo, con sus fieras, serpientes, ríos caudalosos que cruzan con puentes construidos por ellos mismos, calor extremo, lluvias torrenciales, enfermedades y hambre. Vencen todos los obstáculos dirigidos por el talento de su capitán. Debe pasar casi un siglo para que los pobladores de estas regiones vuelvan a ver a un europeo por sus lares: los primeros misioneros. Esta expedición es en apariencia inútil en resultados, pero como dice Stefan Zweig, biógrafo de Magallanes, quien, bajo pabellón español y también en 1519, zarpa de Sevilla para realizar una epopeya jamás atrevida. Dice Zweig: «en la historia nunca la utilidad práctica determina el valor moral de una conquista. Solo enriquece a la humanidad quien acrecienta el saber en lo que le rodea y eleva su capacidad creadora».

Antes, para verificar la redondez de la Tierra se tenía que ir al confín del mundo; hoy, para ver la superficie de Marte basta con apretar un botón. Con tanto conocimiento en la palma de nuestras manos, vemos como una locura el heroísmo de esas proezas, pero en su momento se trató de una guerra santa de la humanidad contra lo desconocido. Por eso agrega Zweig: «donde exista una generación decidida el mundo se transformará». Esa generación, la de Magallanes, la de Cortés, nos posiciona en la era moderna.

América no le es suficiente al inquieto descubridor. Conocedor de la importancia económica que representan las especias y que fue la motivación principal de los viajes de Colón, organiza, a petición del emperador pero con recursos propios, una expedición a las Molucas (Indonesia), las islas más codiciadas de aquellos tiempos, lo que representa el primer cruce del océano Pacífico partiendo desde México. Allá llega el ímpetu empresarial de Cortés: de la Nueva España hasta Asia.

Años más tarde se lo ve en Argel acompañando a su monarca. Pudo haber salvado la honra de Carlos I (V de Alemania), quien no lo toma en cuenta para el mando de las tropas españolas. Los elementos no los favorecen y fracasan en su intento de castigo al pirata Barbarroja y a sus cómplices turcos y berberiscos que azotan el Mediterráneo. Los últimos años se le ve en Madrid y Valladolid haciendo vida de corte, no por gusto, puesto que añora la acción, sino enfrascado en decenas de juicios esperando la justicia real que no llega. Se amarga su otoño. Finalmente el fundador evoca Sevilla, de donde partió hacia América y donde, muy cerca, muere en Castilleja de la Cuesta en 1547, a los 62 años.

Capítulo II
México antes de España

Antes de la llegada de los españoles, México no existe como nación. Lo que hoy es el territorio nacional mexicano está conformado por una multitud de tribus, separadas no solo por cordilleras, ríos y montañas de enorme paisaje, sino por el peor de los abismos: el lingüístico. Centenares de lenguas y dialectos separan a vecinos de territorios comunes que, en ocasiones, como señala el historiador José López Portillo y Weber, en su investigación La Conquista de la Nueva Galicia, comparten como única relación entre ellos la guerra. Cuando el invasor llega, salvo el del pueblo dominante, todo esplendor había terminado.

Hacía mucho tiempo que las montañas en Mesoamérica eran montículos selváticos que escondían en su seno una pirámide maya, y en el Valle de México, Teotihuacán era un conjunto de ruinas sin nombre desde cientos de años antes de que los aztecas llegaran al Anáhuac. Desde luego que en esas tierras hubo grandeza, magnificencia

Los aztecas, desde su ciudad-estado México-Tenochtitlán, en la meseta central, imponen su hegemonía al resto de poblaciones. La ciudad alcanzó un urbanismo que maravilló a los conquistadres españoles por sus dimensiones, jardines, palacios y plazas.

e interesantes avances en la ciencia y organización social, pero se dieron siempre de manera aislada y nunca de forma continuada. Los aztecas, desde su ciudad estado, dominaron, gracias a sus alianzas, la meseta central, e impusieron por la fuerza su hegemonía al resto de poblaciones, a las cuales sojuzgaban.

Los aztecas, entonces, viven en constante rivalidad con los tlaxcaltecas y permiten cierta soberanía a los tarascos en occidente, y a los zapotecas en el sur. Pero nada los identifica como un alma nacional, ni una misma lengua, idea de estado, organización política o religión común; son fracciones que no arman un todo. Al contrario, una feroz enemistad alimenta la guerra perpetua, siempre inclinado el resultado a favor del dominante, cuya evidencia eran los esclavos para los trabajos más arduos, tributos excesivos y víctimas para los sacrificios. Deséchese ese sentimentalismo, fomentado por algunos autores anglosajones, sobre el dolor del indio que pierde su patria. No existía ninguna patria antes de la Conquista. Los aztecas sí perdieron su ciudad, la cual fue destruida junto con su supremacía y su poder, pero ellos eran una minoría privilegiada y opresora. Los españoles, dice José Vasconcelos, el famoso educador, filósofo y escritor mexicano, en su Breve Historia de México, «oprimieron a los indios, y los mexicanos seguimos oprimiéndolos, pero nunca más de lo que los hacían padecer sus propios caciques y jefes».

En las crónicas se lee cómo el cacique de Cempoala[8] y el señor de Quiahuiztlán se quejan con Cortés, desde el principio, de las exacciones de los mexicas, de los niños robados para los sacrificios, de las cosechas confiscadas, de las mujeres tomadas, violadas y esclavizadas. Terror y extorsión de Estado. Se entiende por qué Cortés, más que un sometedor, fue un libertador para la mayoría. Llaman la atención, y así lo manifiesta en sus cartas al monarca español, las rivalidades existentes que encuentra entre los distintos pueblos. Llegaban emisarios de uno y otro bando solicitando mediación. Cortés se convierte entonces, de súbito, el comandante invasor, en árbitro de añejas rivalidades entre los naturales de la tierra que apenas conoce.

Si se logra extirpar el veneno acumulado por dos siglos de propagandas inductivas, deberá reconocerse que fue más patria la que Cortés construyó después, que la del valiente Cuauhtémoc o la del temido Moctezuma. De los tributarios de este gran tlatoani[9] recoge el futuro conquistador múltiples quejas, como los de Huejotzingo, quienes sienten tal

---

[8] Cempoala fue un señorío prehispánico ubicado en el Golfo de México, habitado, según la época, por totonacas, chinantecas y zapotecas, en palabras de algunos expertos, desde 1.500 años antes de la llegada de los españoles.

[9] Término derivado de la lengua náhuatl para designar a un gobernador elegido por la nobleza.

Entrada de Cortés en Cempoala. Ahí es recibido por el «Cacique Gordo», quien se queja de las exacciones que Moctezuma impone a los pueblos dominados. El futuro conquistador vislumbra la posible alianza con los enemigos del imperio.

enemistad por los mexicas que abrazan la causa de la Conquista con un entusiasmo que desconcierta a los españoles, y hasta de sus forzados aliados, como constata a su paso por Chalco, Tlalmanalco y Chimalhuacán, tomando nota de lo vulnerable que podría ser la posición del absoluto emperador tenochca. Por eso Vasconcelos le pide al indio «que reconozca para su propia sangre humillada por la Conquista, que había más oportunidades, sin embargo, en la sociedad cristiana que organizaban los españoles, que en la sombría hecatombe periódica de las tribus anteriores a la Conquista». Severo, sin duda, Vasconcelos, pero no es posible negarle la razón.

Antes de continuar, una aclaración: se usarán indistintamente las palabras azteca, mexica o mexicas, que es como se llamaron a sí mismos los antiguos mexicanos. El primer término, aclara Juan Miralles, aparece empleado por primera vez por Álvaro Tezozomoc, a finales del siglo XVI y

En el Templo Mayor, actual Zócalo de la Ciudad de México, confluían los aspectos más importantes de la vida política, religiosa y económica de los mexicas. Ahí tenían lugar desde las fiestas que el calendario ritual marcaba, hasta la entronización de los tlatoani («Gran Señor», «el que habla») y los funerales de los viejos gobernantes.

propalado por Prescott siglos después, al referirse a los hombres que procedían de un lugar llamado Aztlán. También se les llamará tenochcas, por ser los habitantes del nombre binario como se llamaba esa ciudad: México-Tenochtitlán.

Se verá más adelante lo que pasó a los mexicanos al ignorar la herencia hispana y olvidarse de uno de sus mejores exponentes. Pero que aflore de una vez lo que en el «consciente colectivo» se cree que es Cortés y el país de donde proviene: lo primero un conquistador ambicioso que destruyó una maravillosa civilización y forma de vida mítica; dirigió a un puñado de bandidos cuya única intención era enriquecerse y regresar a casa con su botín; oprimió al indio; asesinó y torturó para conseguir riquezas. En segundo lugar, España, una

Inventario de tributos recibidos por México-Tenochtitlán.
Según sus propios registros, se recibían, de 371 señoríos
y pueblos, diversas cantidades de productos, alimentos y
riquezas, sin ninguna contraprestación por parte del imperio.
El pueblo que no cumpliera con el requerimiento era sujeto a
la esclavitud o encontraba la muerte.

nación atrasada que no merece todo lo que encontró. Desplumemos, entonces, el guajolote[10] para no indigestarnos.

Los reyes aztecas no solo fueron vencidos por los centenares de españoles que acompañaban a Cortés, sino también por los millares de indios que se unieron a este para destruir la opresión en que vivían. En ese entonces, aunque al mexica se le considera imperio porque, según sus registros, recibe tributos de 371 señoríos y pueblos distintos, en realidad no gobierna, solo sojuzga y extrae beneficios de distinta clase. El sistema tributario, tan exigente y sin contraprestación, es un detonante definitivo para que los indios decidan aliarse contra la Confederación del Valle de México que encabezaban los tenochcas.

El odio que los indígenas de Tlaxcala[11] y de otras poblaciones tenían a los aztecas, era más fuerte que su sentimiento racial. En la realidad del mundo indígena hay más regocijo por el fatal destino azteca que interés por formar causa común contra el extranjero, como se demostró finalmente con la apatía de los príncipes tarascos ante el desesperado llamado de Cuauhtémoc para salvar Tenochtitlán.

Desde cierta óptica, las batallas revisten más la forma de una guerra civil que de una conquista y, desde otra, los verdaderos conquistadores son los habitantes locales, venciendo a otros. Por eso la ocupación española, en algunas partes del territorio mexicano, fue pacífica, por persuasión. Pero esto no es un argumento para minimizar la victoria de Cortés; al contrario, los fuertes enemigos de los aztecas, nunca logran imponerse a su dominador. Es el genio del conquistador, su estrategia, quien concreta la gesta. La principal herramienta no es el garrote tlaxcalteca, sino el liderazgo del general que

---

[10] Guajolote: del náhuatl *huey* (viejo) y *xólotl* (monstruo), es el término que se usa en esa lengua para designar al pavo doméstico.
[11] Tlaxcala es uno de los 32 estados de la República Mexicana. Durante la época prehispánica se distinguió por el bloqueo que los aztecas aplicaron en ese territorio para comerciar con los pueblos del Golfo, Centroamérica y el Valle de México.

El *tzompantli* (osario) impresionó a los extranjeros invasores durante
su primera visita a la sede del imperio mexica. Era un altar donde se
empalaban las cabezas de los cautivos, sacrificados para honrar a los dioses.

sabe utilizar la imprescindible fuerza que no lleva. ¿Fue la honda la que venció a Goliat o fue David?

Durante aquella época, el mundo indígena está dividido social, cultural y políticamente. Ningún predominio, ya sea la tiranía azteca —o antes, la tolteca— en la meseta, la olmeca en el Golfo o la maya en el sureste, logra formar nunca una unión. Tuvieron que pasar cientos de años para que, como resultado del nuevo planteamiento social y el mestizaje cultural, surgiera la noción integral de grupo-país que no existió antaño.

Como en toda conquista, hay en muchas ocasiones una brutal destrucción de las civilizaciones, y en esto tienen razón los indigenistas, pero difícilmente estas, por sus características, hubieran podido lograr un cabal desarrollo. Aunque en todas partes del mundo se mata por necesidades de la guerra o por sentencias de la justicia, en los países católicos, especialmente en España, por decisiones obscuras de tribunales

Tzompantli (osario), autor: Rafael Cauduro.

eclesiásticos, ello se hacía sabiendo que se cometía un acto antinatural o un crimen justificado. El azteca, por su parte, convertía en fiesta las matanzas. Es justo decirlo: esas fiestas de muerte indígena dejaron menos víctimas que las muy santas guerras del cristianismo europeo.

Algunos esgrimen el argumento de que las Guerras Floridas[12] para obtener prisioneros para los sacrificios humanos tienen una motivación religiosa: intentan buscar en lo sagrado la justificación de la barbarie, pero es precisamente el origen tergiversado del sentido lo que más se cuestiona. Muy pocos dioses, de los que la mente humana inventa, exigen tantos corazones en sus altares.

Debe conocerse la dimensión real de lo que acontecía. No eran sacrificios de animales o rituales sagrados donde se daba muerte a personas con intenciones religiosas muy específicas, como se dio en algunas partes de Asia, en Escandinavia o en el propio territorio maya. Se trataba de ¡holocaustos periódicos! de miles y miles de personas, una industria de matanza humana (la principal y alrededor de la cual se movía más gente: templos, ejércitos, guerras y una enorme burocracia de organización, recaudación, administración, etc.) a disposición de la insaciable sed de sangre del panteón azteca y de los temores metafísicos de su clase sacerdotal. A medida que van consolidando su poder, aumenta la demanda de sangre. Con su supremacía se propaga y glorifica el rito de los sacrificios humanos; solo en la principal celebración de la ciudad sagrada de Cholula se sacrificaban cada año seis mil víctimas a los dioses.

El carácter sanguinario de la religión de Huitzilopochtli, el principal dios azteca, encuentra su culminación en los tiempos de Ahuízotl: en su reinado se termina un templo gigantesco consagrado al dios de la guerra. Cuando se inaugura, inmolan a 20 mil cautivos (algunos autores afirman que fueron 80 mil) durante cuatro días en los que se suceden decenas de sacerdotes exhaustos extrayendo corazones. «Se les dispuso en cuatro largas columnas, que se extendían desde

---

[12] Se le conoce como Guerras Floridas a los enfrentamientos que los aztecas libraban contra otros pueblos para mantenerlos subyugados y obligarlos a pagar tributo. Como parte de ellas, se capturaban prisioneros, a quienes se sacrificaba ritualmente o se consumía.

más allá de los límites de la ciudad hasta la cima de la pirámide. Algunas miles de víctimas eran prisioneros de recientes victorias aztecas; pero la gran mayoría fueron entregados a los aztecas por gobernantes vasallos. Los nobles llegados de las provincias tributarias y estados enemigos fueron instalados, regalados con manjares y mordisquearon hongos alucinógenos para mitigar sus percepciones durante el sangriento espectáculo», narra Jonathan Kandell.

Imaginemos la enajenación de la «fiesta». A los cautivos se les arrancaba el corazón en pocos segundos y sus cuerpos eran lanzados por la pirámide. El estruendo de los tambores ahogaba sus alaridos. Una vida tras otra era extinguida. Los torrentes de sangre humana que bajaban por los escalones del templo se coagularon en grandes cuajarones horribles. «El hedor era tan grande en toda la ciudad, que resultaba intolerable para la población». Los cuerpos eran desmembrados, y algunos, cocinados. Pero en esa ocasión, las víctimas fueron tantas, que miles de cuerpos fueron arrojados al lago de Texcoco.

Nunca un osario aglutinó tantos cráneos, es el tzompantli[13] más grande del continente cinco años antes del descubrimiento de Colón. Tlalcaelel[14], el poder tras el trono, comentó: «que nuestros enemigos vayan y digan a su pueblo lo que han visto». Es la política del terror, la pax mexica. «Es una religión implacable, el amor no existía», se lamenta Jean Descola. Y ello se hacía a costa principalmente de los pueblos sometidos.

Visualicemos el ambiente en el que se sobrevivía esperando la inevitable llegada del turno en que tocaba entregar a un ser querido. La gente vivía bajo pánico constante debatiéndose con su fortuna; por un lado, odiando a su opresor y, por otro, tratando de ganarse su favor para postergar o evitar su destino.

---

[13] Tzompantli: altar donde se montaban ante la vista pública las cabezas sanguinolentas de los cautivos sacrificados.
[14] Tlalcaelel, «el que anima el espíritu», fue un sacerdote y consejero mexica. Asesoró a tres gobernantes: Itzcóatl, Moctezuma y Axayácatl.

Práctica de sacrificios humanos, «una industria de matanza humana» alrededor de la cual se desarrollaba gran parte de la actividad administrativa, de recaudación, religiosa y militar del imperio azteca. «Había la necesidad de alimentar al cosmos, el sol perdería su fuerza si no recibía la sangre de los sacrificios, ya que ésta era la fuerza vital que movía el universo». Contra tal práctica, Cortés no escuchó argumentos: combatió la costumbre apenas tuvo contacto con ella.

Siendo así, los mexicanos desarrollamos, como efecto y por instinto de conservación, formas serviles en nuestro trato y dobles intenciones en nuestro pensamiento, las cuales practicamos inconscientemente hasta la fecha y, como se verá adelante, todavía convivimos con sus consecuencias.

Hay un intento de supresión de sangre destacable en la era prehispánica y esta es fruto de las enseñanzas de Quetzalcóatl[15],

---

[15] Quetzalcóatl: uno de los más importantes dioses del panteón azteca. Dios de la vida, la luz y la fertilidad. El significado de la palabra en lengua náhuatl es «serpiente emplumada».

quien, como personaje histórico o leyenda, fue enemigo de los sacrificios humanos, tesis que recoge Sahagún, para identificar a Cortés como heredero «mítico» del dios emplumado y posicionarlo en la vida indígena con antelación a la Conquista. Por eso es importante resaltar el principal legado cortesiano para con el país que México es desde entonces.

La lengua (la patria es el idioma, decía Unamuno), las costumbres, un gobierno con economía y leyes unificadas, la religión y un territorio definido son lo que hace nación. Estos elementos comunes son los que identifican a los mexicanos y aparecen en su territorio después de 1521. Repito: antes de la Conquista se trataba de diferentes poblaciones antagónicas y dispersas, después, con muchos defectos, surgió la nación. Cualesquiera habitantes de una nación deben, primero, reconocerse juntos, ser, sentirse parte, para luego pretender figurar en el mundo. «Para que Dulcinea fuera universal, primero fue del Toboso», dice, en *Mis Tiempos*, una inteligencia brillante.

Capítulo III
Por qué España

Ya que evocamos al Quijote, hablemos de su patria. La intervención más importante que ha tenido España en la historia del mundo es la obra que realiza en América. Se equivocan quienes sugieren la conveniencia de haber sido conquistados por otra nación más «avanzada». En aquella época, asevera Agustín Basave Fernández del Valle, «España fue la más preparada para la incorporación y comprensión de los pueblos sometidos». Y dice Vasconcelos: «a través de España, accedemos a la cultura más vieja y más sabia e ilustre de Europa: la cultura latina; y latino es el mestizo hispano-indígena desde que se formó la raza nueva».

Cuando los romanos llegaron a la Península Ibérica en el siglo segundo antes de Cristo, se encontraron con íberos, celtas y tartesios, los pueblos más antiguos de la hoy España. También estaban ya los griegos y cartagineses disputando

Anfiteatro de Mérida, España. El peninsular hispano recibe el legado greco-romano y lo riega en América. La organización política, la lengua, la religión, entre otras muchas expresiones humanas, son la herencia cultural que Europa implanta en el «nuevo continente».

el dominio de ese suelo estratégico del mundo antiguo. Los romanos, tenaces, dejaron ahí casi «nada»: un nombre (Hispania), caminos eternos, ciudades de piedra, acueductos, organización política, códigos y, al final del imperio y ya oficializado, el cristianismo. Es decir, la principal aportación de ese imperio fue unidad. Las conquistas romanas comenzaron en tal época y se extendieron por casi todo el territorio.

Su dominio militar tardó siete siglos en decaer, pero su soberanía subsiste hasta nuestros días a través de una fuerza aún más poderosa: la cultura, que se traduce en orden, disciplina y estructura, pero también en tecnología, filosofía y ciencia. En conclusión, otorgaron la supremacía de ideas y valores, una estructura mental y una forma de organización.

Diecisiete siglos después, ese mismo mundo romano envía al nuevo continente un procónsul, Hernán Cortés, y funda igualmente ciudades, dicta leyes, impone la religión, da estructura al territorio, nombra autoridades y establece gobiernos. Es decir, Roma, españolizada, vuelve a dar unidad a lo que no tenía. La principal herramienta fue una lengua común, el castellano, hija del latín. Hasta hoy, la mitad occidental del mundo sigue siendo romana, incluyendo México, así como su organización en municipios, el senado, el derecho, la iglesia, la división política, la estructura diplomática, la lengua latina, entre otros rasgos.

Pero también ingresamos a la civilización bajo el estandarte hispano que riega en América todo el bagaje cultural que recibe. A través de España y de distintos influjos, nos llega una vasta herencia. Además de los pueblos ya mencionados, hubo influencia fenicia, románica (como heredera cultural de Grecia), visigótica (de los descendientes germánicos), además del refinamiento y la ciencia árabe, con todo lo que representa. Asimismo, hubo influencia judía, pues España es el país más judío del mundo, Israel incluido. Convivieron tantos siglos y su cultura subterránea permeó a tal grado que en México lo constato cada día que me desnudo. Encontramos rostros judíos no solo bajo el kipá en alguna sinagoga de Polanco[16], sino también en cualquier celebración de la colonia española.

España no era cualquier cosa, venía de una misión espiritual autoimpuesta: salvar la cultura cristiana y recuperar el territorio de la península. Lo anterior, dice López Portillo y Weber, «dota a la Historia de España de una dirección bien definida y de un carácter trascendente, dramático, estético, de que carece la de cualquier otro pueblo. Y esa historia es tan nuestra como la de los Aztecas».

Traía inercia, le sobraba adrenalina después de casi ocho siglos de reconquista. Salvó al viejo mundo, se merecía el nuevo, pues, en la concepción de la época, Europa y el cristianismo se veían amenazados por el poder otomano-islámico. Los reinos españoles, liderados por Castilla, fueron los que al final los contuvieron. España ya se había probado a sí

---

[16] Importante barrio de la Ciudad de México.

misma, ahora tocaba hacérselo saber al mundo. En esa época, la principal característica de lo español, asegura J.M. Sánchez-Pérez, era el valor, un valor rayano en la osadía. Pero «la intrepidez de sus capitanes, de sus atrevidos navegantes, ha estado siempre templada por la caridad de sus misioneros».

Durante aquellos tiempos, España domina en el nuevo mundo porque domina en el viejo. A ella acuden los aventureros de Europa en busca de apoyo (Colón, de Génova; Magallanes, de Portugal, entre otros), dan Papas a Roma y exportan literatura. Son los mejores. Mientras en España se organiza la exploración de nuevas rutas y tierras para luego lograr su conquista, en Inglaterra y Francia se organizan empresas estatales de piratería, con mucho éxito, por cierto.

Ruinas romanas, en Extremadura, España. «En una de las regiones más pobres y áridas de Europa, donde la tierra más se agrieta, en Extremadura, germina la semilla que dará mejores frutos, da los hombres más enérgicos, que más riquezas aportan al imperio y más almas a la iglesia».

El Houston de la época, donde se planifican las expediciones y se gestionan fondos y voluntades, es la corte itinerante de los reyes de España y Sevilla, el Cabo Cañaveral. Desde ahí se lanza la mayoría de los viajes de descubrimiento y la odisea de Magallanes que da la primera vuelta al mundo. Los «astronautas» de antaño no nacen en Nueva Jersey; son extremeños, andaluces o portugueses, quienes aplican la mejor técnica y tecnología disponibles en ese momento.

En una de las regiones más pobres y áridas de Europa, donde la tierra se agrieta, en Extremadura, germina la semilla que dará mejores frutos, los hombres más enérgicos, que más riquezas aportan al imperio y más almas a la Iglesia. Ningún otro pueblo tiene en igual grado el poder de espíritu necesario ni el fogueo militar para llevar a cabo la empresa más importante hasta entonces. Y la conquista del suelo de México es el más atrayente e interesante episodio. Esa hazaña, casi legendaria, la construye un conquistador

El Cid. Las principales características del guerrero español de la conquista de América concurren en sus dos principales antecedentes: el Cid y el «Gran Capitán» Gonzalo Fernández de Córdoba.

poco común, que revela, en todas sus acciones, dotes de general y político. El mérito es doble, puesto que estos descubrimientos y posteriores conquistas las hacen los españoles, no España, es decir, son empresas privadas sujetas a las leyes de la monarquía, pero organizadas y financiadas por particulares. Para eso se necesita ser «notoriamente ambicioso», como lo fue Cortés.

La empresa de la Conquista de América es de tal magnitud que, por su misma grandeza, queda fuera del alcance de las colectividades organizadas. Solo está al alcance de los individuos. Que no se crea que a ese hecho histórico llega la escoria de la península. Juan Miralles lo confirma: «entre todos los capitanes y soldados de Cortés, que desempeñaron algún papel relevante, no figura uno solo que fuese analfabeto, eso, para la medida de su tiempo, era un porcentaje elevadísimo; se diría que allí venía lo mejor de Europa».

¿Cuáles son las circunstancias que producen a esos hombres? ¿Cuál es el troquel de Hernán Cortés y el resto de sus iguales, que los lleva a sobresalir por encima de sus contemporáneos? ¿Por qué produce España, y solo España, esos guerreros astutos, capaces y con tal ánimo de lucro? ¿Por qué surgen en la Península Ibérica esos paradójicos capitanes que son leales a su rey, indisciplinados, desobedientes, audaces, ávidos, fanáticos, bravos, religiosos, crueles y organizadores?

Todos son expertos en el conocimiento y en la práctica de las leyes; todos, hábiles en el juego de las armas y ambiciosos, pero en ellos esta ambición se edifica sobre profundos cimientos de solidaridad española y de lealtad a su rey, y resultan capaces de superar los embates de la propia conveniencia y del propio egoísmo.

¿Cómo esos guerreros, con arreos iguales a los que llevan los demás europeos de su época, naturalmente sin vitaminas, repelentes, vacunas ni periodos de adaptación, pueden luchar en las altísimas y heladas mesetas de México y Perú? Y ¿cómo, alimentándose defectuosamente, se internan pocos

La batalla de las Navas de Tolosa, según un óleo de Francisco van Halen.
La reconquista de España contra los árabes fue, durante casi ocho siglos, el
«entrenamiento» del guerrero español para la gran aventura de la conquista
de América. «España no era cualquier cosa, venía de una misión espiritual
autoimpuesta: salvar la Cultura Cristiana y recuperar
el territorio de la península».

días después por cálidas y resecas llanuras o por mortíferos
laberintos de selvas tropicales experimentando y soportando
colapsos nerviosos?

Para contestar lo anterior, resulta conveniente estudiar
los antecedentes de la casta guerrera española. Al hacerlo, se
aclara que todas las circunstancias concurrentes en los capitanes de la conquista de América se reflejan también en los dos
más grandes líderes militares españoles: el Cid y el Gran Capitán, Gonzalo Fernández de Córdoba.

La reconquista de España fue el «entrenamiento», la pre-
paración específica del guerrero español para la gran aventura de la conquista de América. «Las milicias que toman parte

en las expediciones de la Reconquista, pasan en unos cuantos días de las heladas montañas españolas, a los valles ardorosos de Andalucía, y este choque térmico, repetido muchísimas veces a través de 25, quizá 30 generaciones, fortalece el organismo español, y estabilizándolo atávicamente, lo prepara a las pruebas tremendas de la Conquista de América», concluye López Portillo y Weber.

Eso, en lo físico. En cuanto a la ambición, hallamos que todos estos capitanes son modestos hidalgos campesinos, o bien, segundones de grandes casas, y atendiendo a la costumbre de que el hijo mayor hereda la totalidad de las tierras y fortuna, deja, entonces, al resto de los hijos en la necesidad o la libertad de buscar oportunidades donde se presenten.

La forma de organización de las empresas individuales, la iniciativa española, deviene también de la guerra contra los moros (nada fortalece tanto como el empeño de tu enemigo). Esta se da de dos formas, mediante los esfuerzos «nacionales» hechos por el Reino entero y dirigido por los reyes con las huestes de la alta nobleza, pero también a través de los ánimos de las villas y pequeñas ciudades de la frontera con sus propias milicias, proveídas con los recursos individuales de sus componentes y comandadas por hidalgos de estirpes locales.

Esto prepara y reglamenta la integración de pequeños ejércitos para librar guerras lucrativas con aportaciones particulares, como lo serían las de América. Asimismo, facilita el surgimiento de una disciplina muy peculiar entre aquellos soldados voluntarios que eligen su propio jefe, de quien son vecinos, amigos, paisanos o parientes. Dicha dinámica explica la altivez individual española y esa conducta militar contradictoria, hecha de disciplina en los combates y de rebeldía en los campamentos, la cual se observa en la historia militar de España.

Este sistema desarrolló el empuje y el espíritu de empresa de aquellos hidalgos que tanto se replicó en América. Aunque, de tanto tratar asuntos litigiosos con villas o ciudades inmediatas con vecinos o funcionarios reales, los hombres se tornaron leguleyos expertos en leyes, con consideración mística a la persona del rey, pero atemperados siempre por los fueros de la nobleza y de las ciudades, o por los derechos ganados en los descubrimientos, conquistas y batallas de los esforzados capitanes.

Siendo así, cabe concentrarse en lo propio, en la llegada a América de tales hombres y sus consecuencias. Es difícil calificar desde el presente las acciones del pasado, ya que se tienen distintas perspectivas. Lo que resulta temerario es explorar el ámbito de la especulación, pero arriesguémonos, consideremos el «hubiera». Busquemos respuestas haciendo preguntas.

Hoy tenemos una historia que es resultado de lo que sucedió, pero ¿qué hubiera ocurrido si los españoles no hubieran llegado ni conquistado México? ¿Estaría el territorio mejor? ¿Hubiesen existido las condiciones para un desarrollo armónico de los pueblos desde las mesetas de Norteamérica hasta Mesoamérica? Y considerando ya lo que era ese nuevo orden mundial, ¿qué ha pasado en poblaciones semejantes que no cayeron bajo el control de culturas más experimentadas, por ejemplo muchas africanas? Respuesta: están peor. Verdugos locales matando y explotando a sus hermanos. Si no hubiera pasado esto, hoy probablemente el idioma oficial sería el inglés, como bien decidieron los nigerianos para poder comunicarse todos.

Si se revisa el libro negro de la humanidad, nos convenceremos de que lo que sucedió no estuvo nunca por debajo de la norma habitual, tomando en cuenta la medida de su tiempo, no obstante la apropiación del tesoro de Moctezuma, la ambición desmedida por el oro, los injustificados abusos en muchas partes contra la gente, los primeros exterminios resultado de las enfermedades (principalmente la viruela), introducidas involuntariamente desde Europa y contra las cuales las poblaciones americanas no tenían defensas y provocaron millones de muertes; los trabajos forzados, la horrible explotación en las minas que diezman regiones enteras (siguen abiertas las venas, diría Eduardo Galeano) y un largo etcétera. Pero otras potencias dominadoras hubieran hecho lo mismo, sin considerar las normas de protección al conquistado, la incorporación al cristianismo de todas las almas, la prohibición de esclavizar ni muchas otras cuestiones, que España, a su ritmo, sí implantó. Es largo el catálogo de ejemplos contundentemente inhumanos a cargo de otras potencias «civilizadas».

En todo caso, España carga con sus defectos y vicios, pero las culpas son de la época, y las virtudes, muy de su pueblo.

Todavía, con el afán de demeritar, hay voces necias que se atreven a afirmar que la Conquista no la hizo España, que fue el reino de Castilla porque el nombre de España no se oficializó hasta años después de tal periodo, ¡como si la historia fuera cuestión nominativa! Así se llamara Pueblo Viejo, Iberandia, Castilla o España al conjunto de pueblos que la componen, fueron los dueños de aquellas tierras quienes se adueñaron de las americanas. ¿Quién fue el conquistador: Hernán, Hernando o Fernando? Es el mismo.

Capítulo IV
Por qué Cortés

En el caso particular del conquistador sucede algo parecido. Se corrió con suerte. Pudo haber sido un visceral analfabeto, como en muchos casos ocurrió en América, algún exterminador o puritano o depredador, al estilo Gengis Kan. El conquistador, Cortés, hace su tarea con un propósito, se establece en tierras americanas y comienza a establecer los cimientos del futuro país. Tenemos muy pocos ejemplos de este tipo en la historia.

Christian Duverger lo describe así en su libro Hernán Cortés: «Cortés es sutil, letrado, seductor y refinado; prefiere el gobierno de las mentes a la fuerza brutal que, no obstante, sabe manejar; aprovecha impunemente la debilidad de sus compañeros por la fiebre del oro; sabe analizar y anticipar, proyecta el porvenir, construye a largo plazo mientras que muchos otros se embrollan con las dificultades de

Al joven Hernán Cortés le deja huella su paso breve por Salamanca.
Los conocimientos de jurisprudencia, literatura y latín le resultarán
de gran utilidad en todas sus acciones como empresario y escribano
en Santo Domingo, como alcalde de Santiago, en Cuba,
y como fundador del primer ayuntamiento
de Veracruz, México.

lo inmediato o en las empresas de corto alcance. Aunque es manipulador por naturaleza, dispone de una sólida red de amistades y simpatías incondicionales. Si se conduce en el terreno del poder de manera tan atípica, es porque su visión de la historia y de la política se aleja por completo de los esquemas dominantes».

También es jugador, mujeriego y, cuando las circunstancias lo orillan, brutal. Más adelante, se recorrerán sus capítulos oscuros. Pero llama la atención la falsa idea que tenemos de él, comenzando por su niñez. Desde el principio delatamos un hilo conductor mal intencionado para poder encontrar, después, justificante del calificativo que damos a sus acciones. Todo lo contrario y en palabras de la jerga mexicana: Cortés nace pa' chile[17] y desde el cielo llega picando.

Con el primer dictamen se quiere insistir en que Cortés «cae» en América porque en España se muere de hambre, pero no es así. Su vida en la Extremadura de finales del siglo xv no es holgada, pero para nada incómoda; goza del favor de sus múltiples parientes, muchos nobles e influyentes. Es vástago de un matrimonio hidalgo («hijo de algo», el escalón más bajo de la nobleza), si bien no rico, tampoco pasa penurias en procurar a su hijo único la formación que su inquietud demanda. Aun con ese escenario, prefiere hacer su propia historia y ganar nobleza, no heredarla; construir un patrimonio, no esperar a recibirlo.

Imaginemos el ambiente del niño Hernán: a los siete años, emocionado, escucha los ecos de la feliz cruzada de los Reyes Católicos sobre el Reino Granadino. Crece con la Gesta del Gran Capitán en Italia y con la noticia del descubrimiento de nuevas tierras. El joven Fernando (hablando con la precisión de los tiempos) claramente es un renacentista en esa época, en que se debaten las prácticas del pasado pero ya se avizoran las propuestas del futuro. Por eso mientras sus iguales, muy medievales, buscan la fuente de la juventud, él no la desperdicia y encuentra siempre nuevas tareas creativas. ¿Dónde puede expandirse un espíritu así, sino en América?

En el continente americano, muy lejos de la imagen distorsionada que se tiene de Cortés como un soldado racista y

---

[17] Chile: palabra derivada del náhuatl por la cual se conoce en México al ají picante o guindilla y, en general, a toda la variedad de frutos de las plantas del género *Capsicum*.

Encinares con grullas, óleo de Manuel Sosa. Extremadura, España.
Algunos paisajes del altiplano mexicano le eran familiares al conquistador
Cortés. La similitud con su natal Extremadura es sorprendente.

despótico, fue el principal impulsor del mestizaje, tanto en la teoría como en la práctica, pues engendra a su primera hija con una indígena de Santo Domingo. Exige, además, que sea reconocida y llevada al bautismo con el padrinazgo del propio gobernador Velázquez y le pone el nombre de su madre: Catalina. Lo anterior evidencia la intención a largo plazo del nuevo americano, muy alejada de la percepción generalizada del ambicioso que recoge botín y regresa cómodamente a gozarlo a casa.

Si Cortés desprecia al original de América y solo se relaciona por lujuria con las indias, ¿por qué entonces se afana al pedir al mismísimo Papa que reconozca a su hija mestiza y, además, le pondría el nombre de su propia madre? Tampoco hubiera llevado a España en 1528 al hijo que tuvo con Doña Marina (La Malinche), el primer Martín, a quien introduce en la corte y le consigue el nombramiento de miembro de la Orden de Santiago.

Los necios que solo ven explotación, que reconocen en Cortés a un conquistador más inteligente que los demás, pero igual de codicioso y avasallador, dejan de lado los elementos únicos del proceso colonizador de México e ignoran la persecución que sufrió: es conmovedor que sus enemigos nada le reprochan sobre su pasado en Cuba y Santo Domingo, una época plagada de quejas por el brutal proceso

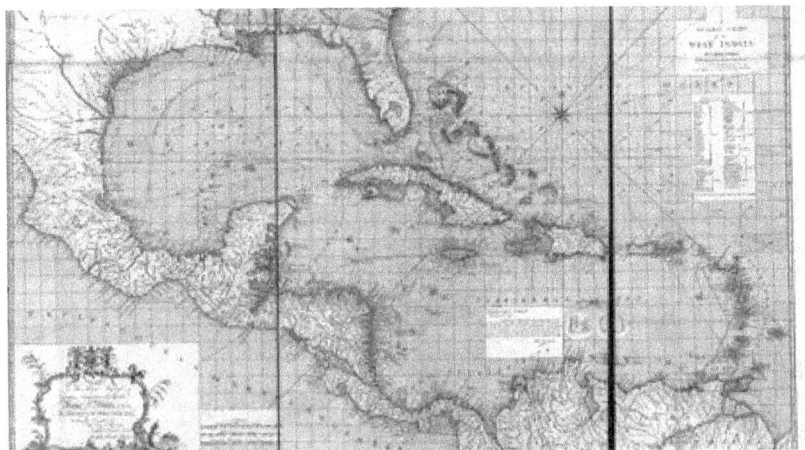

Mapa general de las Indias Orientales. Joseph Smith Speer, 1796.

de «pacificación». Además, en la Nueva España los indios lo defienden en juicio durante toda su vida. En 1524 funda el Hospital de Jesús, dedicado a los indios, en el mismo sitio del primer encuentro con Moctezuma, a quien llegó a apreciar. Esta institución opera hasta nuestros días. En su gobierno promulga las ordenanzas para el buen trato de los indios, con el fin de protegerlos de los actos colonizadores irresponsables de sus paisanos y cuenta siempre con el apoyo, entre muchos otros, de los que más abogaron por los naturales: los franciscanos.

Duverger dice sobre este mismo tema: «mientras que la mayoría de los colonos españoles de la primera generación alardea de un desprecio total por los indios, Cortés alimenta un sueño de mestizaje. Al evitar, a sangre y fuego, que se repita el escenario antillano de exterminación de los nativos; al concebir y realizar un injerto español en el tejido cultural y humano del imperio azteca, Cortés funda en realidad el México moderno». Por su lado, José Fuentes Mares se refiere a él como «el primer bípedo con cerebro europeo y corazón americano». Y por lo mismo, agrega Basave: «Cortés está

Diego Velázquez despide la flota encabezada
por Hernán Cortés en La Habana.

vinculado a España por su origen, pero pertenece a México por su destino».

Los malquerientes de Cortés se han empeñado en presentarlo como un invasor despiadado. Recordemos que estamos hablando de principios del siglo XVI, de una conquista militar en inferioridad numérica hecha por soldados ambiciosos en busca de gloria, pero también de oro. Cortés impone disciplina, castiga severamente la traición con azotes, mutilación o muerte, según el caso; pero empieza por su propia gente.

Son muchos los ejemplos en los que Cortés, como verdadero militar, es estricto en campaña; no obstante, amigo de las formas civiles en la vida ordinaria. Antes de la imposición de las armas utiliza la manipulación, la persuasión, la recompensa e incluso el soborno, del que se convierte en precursor continental. «Nadie como él combinó perdones y castigos y nadie como él fue objeto de castigos y perdones», dice Fuentes Mares. A pesar de su natural ambición, no aceptó declararse rey de México (como bien pudo haberlo hecho), y fue siempre leal a su Corona.

Coincido con varios autores, como Iván Vélez, en que a Cortés se le acusa de haber sido un «conquistador», como si el calificativo en sí fuera suficiente para condenarlo en un mundo en el que las principales figuras históricas son conquistadores. Si esto fuese así, «bajo el mismo razonamiento tendríamos que condenar a Alejandro Magno, Julio César, Napoleón, Bolívar, Hitler, Patton, Castro o (al patético) George W. Bush, con lo que borraríamos la historia universal y política, que es, a fin de cuentas, la historia de las guerras, revoluciones o conquistas en el marco de nuestra tragedia humana».

Capítulo V
La Malinche

Si con el conquistador Cortés y nuestra parte hispana los mexicanos hemos sido renuentes, por el lado indígena tenemos «castigada» a la figura más importante. Por eso, antes de adentrarnos en algunas razones que determinan la mexicanidad, es pertinente explorar una muestra de esa otra mitad.

En lo que concierne a la maternidad simbólica, hay mucho que aclarar también. Las principales virtudes de los pueblos prehispánicos se concentran en un personaje que ha padecido la incomprensión e ignorancia y, por tanto, la falta de objetividad de la opinión popular. Este intento estaría incompleto sin el reconocimiento a esa mujer extraordinaria que fue bautizada por los españoles Marina. Poco se sabe de ella, las fuentes son escasas e indirectas; son, más bien, referencias. Pero, no obstante las lagunas informativas primigenias, puede deducirse su capacidad, inteligencia, intuición e importancia histórica en los acontecimientos. Y también su lealtad.

Nos basaremos principalmente en la visión del personaje que hace Pablo de Ballester en su ciclo de conferencias «Los grandes calumniados». Qué buen nombre para un tema como el de Marina, cuyo hilo conductor en la historia de su país ha sido este, el de la calumnia. Veamos.

Como sucede con el conquistador, la infamia histórica considera traidora a Malinalli porque prefiere lo extranjero en detrimento de lo propio. ¿Traidora a qué? A una patria, ¿cuál?; a una raza, ¿cuál? En el territorio había distintas razas en conflicto, subyugadas por una en aquel momento, que es la que se derrumba.

Cuando llegan los conquistadores, la Malinche vive bajo el dominio mexica, pero una cuestión es Tenochtitlán, que ejerce su soberanía, y otra muy diferente la de los señoríos sometidos en el que ella nació y el otro donde vivió. Su gente no pertenece a aquella ciudad; por el contrario, los suyos son humillados por la metrópoli azteca. No es prudente, entonces, aplicar en este caso el término «extranjero». Los españoles lo eran, tanto como, por otro lado, los aztecas no eran semejantes para Malinalli. El ambiente se conformaba, más bien, por el deseo de liberación de los pueblos sojuzgados por estos.

Para conocer las circunstancias que influyeron en el carácter de esta mujer, vayamos un poco atrás. Al morir su padre, Malinalli queda como única heredera del señorío de Olutla, cerca de Coatzacoalcos, en el estado de Veracruz. La madre, tal vez para no quedar desprotegida, vuelve a casarse y engendra del nuevo matrimonio un varón. Ello provoca que la hija deba ausentarse del hogar materno para no estorbar las pretensiones de linaje del padrastro. No se sabe exactamente de qué forma, pero es apartada y enviada «muy lejos», a Tabasco[18] (eso sí era el «extranjero»), además de convivir con otra raza, la maya. Es recibida por el cacique

---

[18] Tabasco es uno de los 32 estados que conforman la República Mexicana y que limita al norte con el Golfo de México. En la época prehispánica formó parte de las tierras bajas de Mesoamérica, donde habitaba la cultura olmeca.

Entrada de Cortés en Tabasco, anónimo.

como dama. Ahí florece, aprende otro idioma, asimila nuevas costumbres religiosas y culturales, y se fuerza a sentirlas como propias. Será bilingüe, bicultural y consciente de su tragedia personal.

Malinalli es un nombre común, pero ya a los 15 años de edad en su pueblo adoptivo es llamada Malintzin. El sufijo significa «señora», y es reconocida así por los suyos, aun cuando no cuenta con esposo. Es decir, por méritos propios, se le respeta debido a varias razones, entre ellas porque sabe dos idiomas, es intérprete.

La señora conoce los rumores acerca de los seres descoloridos que flotan en enormes casas, tal vez dioses que vienen de donde sale el sol. No se sabe si son amigos o vienen a destruirlos. La incertidumbre es total, pero ella no se altera, se ha perdido y vuelto a construir. Desde la primera batalla, la de Centla,[19] donde vencen los centauros, se da cuenta de dónde empieza el hombre y dónde termina la bestia. Eran hombres y, ¡apestaban como bestias! Imaginemos el olor de aquellos soldados que pasaban semanas en los barcos al rayo del sol, tomando poca agua, concentrándose el sudor, hacinados y sin la buena costumbre que sí tenían los naturales de América, la del frecuente aseo.

En Centla siente como pueblo, por primera vez, el abrazo del conquistador sediento, impetuoso, y la gente que se somete reconoce la fuerza de la conquista erótica que viene. El que queda arriba engendra si el de abajo es fértil, pero es este el que produce el inmediato futuro y absorbe al elemento conquistador. Se conjugan (cónyuge) antes de que el primero pase a ser conquistado. Pero ella comprende enseguida que no son dioses por la manera en que la miran. Es hermosa, la miran como hombres y ella los ve como mujer. Además, si usan y necesitan armas se confirma lo anterior. En pocos días comprende que las armas traen como compensación una cultura.

El que gana manda en 11 naves unos 100 marineros, 10 cañones y decenas de servidores indígenas. Varios caballos son lo que más impacto causó. Inmediatamente se establece una afinidad entre la señora y el señor que llega.

Dice De Ballester que Malintzin es entregada con varias doncellas a Hernán Cortés. La costumbre indígena tenía la intención de reconocer al vencedor «haciendo raza», para no sentirse enemiga, para ser comunes y descender juntos. Por ello se ofrece lo mejor y entre esto naturalmente estaba Malinalli. Se entregan no para ser esclavos, sino para hacer pueblo. Ella acepta desde el inicio todo lo que ellos significan, al mismo tiempo intuye de todo lo que se libera.

---

[19] La batalla de Centla fue una afrenta armada entre los indígenas mayas-chontales y soldados españoles comandados por Hernán Cortés. Ocurrió el 14 de marzo de 1519.

Primer encuentro de Malinalli, Malintzin, Marina, la Malinche
con Hernán Cortés, códice de Diego Durán, siglo XVI. Biblioteca
Nacional, Madrid. Malintzin es entregada por el señor de Centla a
Hernán Cortés, no como esclava según la versión generalizada afirma,
sino con la intención de reconocer al vencedor «haciendo raza», para
no sentirse enemigos, para ser comunes y descender juntos, como la
sabia tradición indígena acostumbraba.

Inmediatamente, fray Bartolomé de Olmedo, con bes-
tialidad religiosa, bautiza a las damas sin más explicación. A
ella, quizá por semejanza fonética con Malinalli, se le da el
nombre de Marina, un nombre significativo para aquellos
que habían llegado por mar.

Tiene 17 o 18 años de edad la doncella, al mismo tiempo que traduce al náhuatl lo que escucha en maya de Jerónimo de Aguilar (recién rescatado por los suyos en Yucatán,
donde vivió años tras su naufragio). Marina aprende el castellano, y en semanas cuenta con tres idiomas, tres mundos.
Es multicultural, se convierte en la pieza más importante
del ajedrez del conquistador. Entiende lo que desean los recién llegados: van a liberar, pero también a poseer. Desen-
traña que están ávidos de tierras que dominar y de personas

que mandar. Adivina el mezquino «tengo, luego soy», muy de la época, muy del hombre de siempre.

La Malinche es inteligente, escucha más de lo que habla y se maravilla con el castellano del conquistador. Muy pronto el tzin indígena se convierte en el castizo doña, doña Marina, apelativo con una enorme significación para quien venía de una tierra de «hijos de algo». Primeramente es encomendada a Alonso Hernández Portocarrero, también de Medellín, como su comandante, y de toda su confianza. No obstante, a los cuatro meses Hernández Portocarrero regresa a España, y Cortés abiertamente hace a Marina su consejera y se convierten en amantes. Ambas partes se hacen amantes, tienen la voluntad de serlo y con esto dos regiones del mundo se entienden.

En sus escritos, Cortés no habla de Marina, es un tema muy íntimo que no comparte por falta de confianza de las personas a las que se dirige. No quiere malas interpretaciones. Ella es desde entonces su «lengua», (así la llamaban), no solo la de Cortés, sino la del «Verbo», la del Padre y la de la conducta humana de la nueva filosofía que ella descifra. Marina recibe esas ideas y sabe interpretarlas, detectando la importancia de lo dado. Por eso, Pablo de Ballester recomienda rescatar la biografía de la mujer más importante de América.

Sin embargo, sus descendientes no le atribuyen los méritos enormes que tiene su aportación. Por su parte, la Iglesia –¡qué raro!– no le ha reconocido nunca que durante años fueron su boca e inteligencia quienes interpretaron los cuatro evangelios, el primer vehículo de la evangelización y del torrente cultural que representaba la nueva cultura. La injusticia es doble.

El conquistador necesita irremediablemente a Marina para que lo guíe y ser explicado él mismo a los otros. Ella aparece a menudo corrigiendo a Cortés y reprimiéndolo para que respete a los señores que están dispuestos a someterse si se les reconoce su dignidad. Ahí radica la lealtad para con los «suyos», así, en genérico, porque hace suyos a todos los que explica y protege al mismo tiempo. La Malinche es la lengua de ambas razas, dirige la historia, se sirve de ella para manejar a Cortés tanto como a los otros. Es estratega, pues ella presenta a los tlaxcaltecas la tesis de la «liberación» del yugo azteca y la alianza con España.

Son varios los testimonios de su universalidad, lo mismo cuidaba a los heridos de un bando como de otro. A nadie excluye de su maternidad (los mexicanos, torpemente, huimos de ella). Bernal Díaz del Castillo escribe: «jamás vimos en ella flaqueza ni debilidad alguna sino ímpetu y esfuerzo mayor a lo de cualquier otra mujer y no pocos de nuestros hombres». «Es amiga de los humildes y portavoz de los príncipes cobrizos, protegerá a los desgraciados y confesará a los jefes de guerra. Por su tacto, por su inteligencia política, por su actitud tan hábil como generosa con indígenas y españoles y por su benéfico papel de mediadora, Marina gana honor por parte de todos los bandos», asegura Jean Descola. El propio Moctezuma llama a Cortés Malintziné, «el que pertenece a Malintzin». La empresa de la Conquista es también suya, comparte el cerebro y es su corazón.

En un principio todos los sucesos históricos parecen políticos, luego históricos, luego culturales; es la evolución a través de la revolución. Pocos personajes son tan revolucionarios en la historia mexicana como la Malinche. Esta mujer es universal por su pensamiento y actuar, pero, primero, es de la identidad prehispánica y contemporánea.

Producto del choque y comunión de las dos culturas nace Martín, hijo de ella y de Hernán, quien lo nombra como su padre, lanzando un mensaje a los suyos y a la población en general sobre la importancia y respeto que daría a los vástagos de la nueva cultura resultante. Es primordial recordar que Martín, más allá de las circunstancias, es, aunque pasajero, fruto del amor y la admiración mutua de sus padres. Esa es la buena noticia a descubrir aquí. Aunque Martín escucha primero el insulto mexicanísimo respecto a su madre,[20] sobre

---

[20] Se hace referencia al tradicional agravio «hijo de la chingada», comparable al castellano «hijo de puta». La diferencia del caso mexicano radica en la humillación de haber sido concebido por medio de la violación, mientras que en el caso español la concepción ocurre mediante la venta voluntaria del cuerpo.

Doña Marina (Malinche) dominaba los idiomas maya y náhuatl. En semanas aprendió el castellano. Ella fue la «lengua» del conquistador, pero también de ambas razas. Dirigió la historia y se sirvió de ella para manejar a Cortés, tanto como a los otros. Fue el primer vehículo transmisor de la nueva cultura.

el que recae la infamia, y calla; es hijo del entendimiento de dos seres humanos extraordinarios que inauguran un linaje auténtico que no se ha sabido apreciar. Los complejos no tienen base real, pueden ser desvanecidos. La corrección es posible y se empieza a dar. Comprendiendo, sabremos que «La Chingada» es, en realidad, una gran señora.

Cortés frecuenta y procrea hijos con varias mujeres. Conocida es su inquietud sexual, pero con ninguna encuentra afinidad intelectual más que con Marina. Años después de la caída de Tenochtitlán, antes de viajar a las Hibueras y para dejarla protegida, la casa con Juan Jaramillo, su intendente, el de más confianza. Con él Marina tiene una hija (probablemente de Cortés. En la actualidad se desarrolla la teoría de que Jaramillo era incapaz de procrear) y hace vida de figura preponderante en la naciente sociedad.

Con tanto resentimiento se le ha hecho mala fama, ha pasado a ser sinónimo de traición, pero ¿a quién traicionó? La calumnia es infundada, reciente y sigue el pensamiento oficial, hoy generalizado. Pero en sus días es altamente respetada por todos los estratos del pueblo. Hasta Coyoacán llegaban para presentarle sus respetos y llevarle presentes. Un dato curioso, según menciona Miralles, es que le regalaban tabaco: «ella es la primera persona de quien se tiene referencia que fumara puros» (aunque su uso no era tanto de placer sino ritualista). Con base en el siguiente matrimonio de Jaramillo puede deducirse que Marina muere no mayor de 29 años.

¿Dónde está su sepulcro? Si no lo encontramos, ¡hagámoslo! Uno hermoso, grandioso, que refleje el carácter que demostró siempre la máxima exponente femenina de la nacionalidad mexicana. Cuando lo hallemos, cuando lo construyamos, habrán pasado esos «500 años de vergüenzas y desvergüenzas, complejos, agresiones, y tanta miseria humana que combate bajo la piel, que necesariamente tienen que pasar para que los seres adquieran la verdadera calidad bajo la que van a quedar para siempre en las páginas de la historia», concluye De Ballester.

Se cuenta con 500 años para rectificar las opiniones sobre Malinche y destruir el prejuicio. Cuando se limpie su nombre, la expresión «malinchismo» será sinónimo de logro, adversidad superada o amorosa comprensión.

Capítulo VI
El mito del Cortés violento.
Un mundo cruel

Hay dos episodios oscuros en las acciones militares de Cortés que le deben la fama de violento en exceso: la masacre de Cholula y la matanza del Templo Mayor.

Ubiquemos el contexto. Los españoles vienen de la costa del Golfo decididos a llegar hasta la sede del imperio Mexica después de la fundación del primer ayuntamiento en la Villa de la Vera Cruz y legitimadas por este las acciones de Cortés. El conquistador había formalizado el rompimiento con Cuba, pues su gobernador, Diego Velázquez, era la autoridad que creía tener todos los derechos sobre la expedición por haber sufragado parte de los gastos y por contar con las autorizaciones del Consejo de Indias sobre los nuevos descubrimientos, desestimando la astucia de su principal socio y compadre: Hernán.

Cortés viene guiado por la misión autoimpuesta de acabar con la idolatría, la sodomía generalizada que encuentra en la zona de la costa («numerosos jovencitos vestidos de

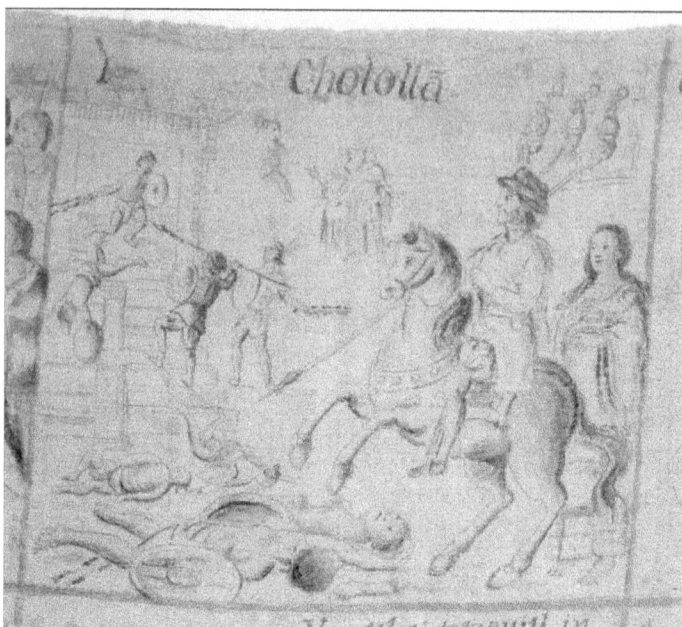

Matanza de Cholula, detalle en Juan Manuel Yllanes del Huerto.
Lienzo de Tlaxcala, lámina 10, siglo xviii. A la batalla de Cholula
le debe la historia el mito del conquistador violento y cruel. En ella,
Cortés no puede contener la furia de sus aliados tlaxcaltecas, quienes
ven la oportunidad de venganza contra sus enemigos cholultecas
y mexicas; sin embargo, la responsabilidad histórica la carga el
conquistador, por ser el principal jefe en el enfrentamiento.

mujer se ganaban la vida ejerciendo ese oficio», narra Bernal
Díaz del Castillo), y los sacrificios humanos con que topa en
todo su recorrido. Ha evadido todos los intentos de un teme-
roso Moctezuma de las profecías, «eran aquellos de quienes
les hablaban sus antepasados, hombres que vendrían de la dirección de donde sale el sol» y su determinación de disuadir
al invasor de continuar.

Estaba concretada la alianza con los cempoaltecas, dirigidos por su Cacique Gordo, y demás poblaciones de la

región, quienes se quejaban del maltrato practicado por Tenochtitlán. Una vez habiendo vencido y convencido a los principales enemigos de los mexica, los férreos tlaxcaltecas, y lograda su asociación, el contingente español llega a Cholula. Esa ciudad disfruta de cierta independencia, pero vive bajo el dominio e influencia mexica y es acérrima enemiga de los tlaxcaltecas.

En este estado de cosas, los aztecas operan; deben impedir a toda costa que los españoles lleguen a Tenochtitlán. Organizan, entonces, una emboscada obligando la complicidad de los cholultecas. Una mujer previene a Malintzin y se dan cuenta de que esa mañana habían sacrificado a unos niños, lo cual es parte del ritual para obtener una victoria. Las sospechas van en aumento cuando observan que las mujeres y los niños abandonan la ciudad. Siendo así, los tlaxcaltecas deciden enviar un embajador, Patlahuatzin, persona de mucha estima y valor para disuadir a los de Cholula y tratar de atraerlos a la alianza con los españoles, pero como respuesta «le desollan vivo la cara y brazos hasta los codos y cortan las manos por las muñecas dejándolas colgadas», menciona en Visión de los Vencidos Miguel León-Portilla.

Los aztecas están en su pleno derecho a defenderse del extranjero. Por su parte, los españoles tienen derecho a proteger su vida, descubren la conspiración y responden atacando. Cortés no puede contener la furia de sus aliados tlaxcaltecas, quienes ven en tal situación la oportunidad de venganza contra sus enemigos cholultecas y mexicas, ni tampoco el ímpetu de sus propios soldados. El resultado es una matanza fuera de control. Pero ahondemos: ¿por qué es tan cruenta esta batalla? Porque es la primera oportunidad de cobrar una cantidad enorme de agravios cometidos durante décadas por los mexicas y sus aliados contra otros pueblos, en este caso los de la región del Golfo y, principalmente, los tlaxcaltecas.

No lucha un ejército español y sus aliados de los pueblos mencionados. Luchan cientos de soldados españoles y miles y miles de indios guerreros en su calidad de esposos ofendidos, con mujeres irrespetadas; padres de niños sustraídos y sacrificados; novios furiosos a cuyas novias se han llevado; agricultores de cultivos confiscados; artesanos cansados por los montones de mantas de algodón bordado que, como tributo, cada año les eran exigidos.

Guerrea el Señor humillado por el recaudador periódico de impuestos, el general del ejército avergonzado por tener que participar en los festivales mexicas de captura de prisioneros para sacrificios humanos, y el comandante angustiado, quien, para ejecutar los mencionados vilipendios, tiene como tarea seleccionar a 50 de sus jóvenes soldados. También combate el grueso del pueblo tlaxcalteca, inexperto, pero harto de comer sin sal por el embargo praticado. Luchan los hijos indignados del recién embajador asesinado. ¿Quién es el culpable de esta masacre? El odio reaccionario, la ira y la venganza. Cortés es el responsable histórico porque es el jefe principal de la batalla. Este episodio incomoda al conquistador toda su vida y ensombrece sus acciones militares.

Y ya en Tenochtitlán, después del sometimiento de Moctezuma, tiene lugar la matanza del Templo Mayor, que ocurre en ausencia de Cortés, quien había abandonado la ciudad para ir al Golfo al encuentro del ejército de Pánfilo de Narváez, enviado por el gobernador de Cuba: Diego Velázquez, quien deseaba castigar al conquistador.

La guarnición española queda a cargo de Pedro de Alvarado, bravísimo guerrero, pero sin el genio de Cortés. Aquél cree ver una trampa en la solicitud de permiso para celebrar la fiesta a Huitzilopochtli y, siguiendo el ejemplo de Cholula, se adelanta atacando con gran violencia y crueldad ante el temor de verse rodeado en inferioridad numérica extrema, de lo cual resulta una espantosa matanza. A su regreso de vencer a Narváez y ante el inminente peligro, Cortés, ya rodeado con sus soldados, decide salir una noche lluviosa de Tenochtitlán.

Batalla dentro de México-Tenochtitlán, anónimo.

Es un mundo cruel. Años atrás Nezahualpilli, uno de los mejores reyes de Texcoco[21], hijo de Nezahualcóyotl[22], estuvo a punto de provocar una guerra civil con sus aliados tenochcas por matar públicamente a garrotazos a una de sus esposas, hermana del futuro emperador Moctezuma, por sospecha de adulterio. Otro caso es el de Cuauhtémoc, quien, para ascender al trono, no duda en asesinar a todos los hijos del desaparecido Moctezuma, quienes pudiesen tomar el poder.

El propio Cortés, consumada la Conquista, no puede impedir la tortura ante la presión del tesorero Alderete y demás funcionarios reales, insatisfechos con el botín y verdaderos responsables del tormento con aceite inflamado a los pies de Cuauhtémoc y al rey de Tacuba. Ese fue el método para obligarlos a dar información sobre el oro que no encontraban; de haberse negado Cortés, hubiera hecho recaer en sí la sospecha de tener escondido el oro. Pese a ello, el mito del conquistador ambicioso y cruel se le atribuye principalmente a él.

Tres años después, se ve obligado a terminar con sus vidas al descubrir un intento de motín en la selva centroamericana camino a las Hibueras. Los deja colgados de un árbol.

Probablemente tampoco duda, ya nombrado gobernador de la Nueva España, en cortar de tajo la problemática que representa la llegada del juez Ponce de León a México, en 1526, enviado por la Corona para despojarlo de todas sus funciones, lo que habría desembocado en un caos para el país. Y en una acción de praxis maquiavélica, el Gobernador «no se explica cómo» el juez y 30 de sus partidarios mueren de una «epidemia» a las pocas semanas de su llegada. También es casi desconocida la salvaje utilización, por parte de los españoles, de perros entrenados que atacan y destrozan hasta matar a sus presas humanas.

---

[21] Texcoco fue un pueblo ubicado al oriente del lago del mismo nombre y principal aliado de los Tenochcas.

[22] Rey aliado de los aztecas. Fue poeta, gran estadista y constructor.

El conquistador se comporta con extrema rudeza si de traición se trata, a toda costa mantiene el orden. Una vez hecho el juramento de vasallaje a los pueblos ocupados, da libertad de gobierno y respeta sus tradiciones, excepto las relativas a los sacrificios humanos. Quebrantar sus órdenes o dar muerte a los españoles, provoca su reacción y castiga con la esclavitud. En ocasiones, como en Tepeaca, marca con hierro a los transgresores con una G de «guerra» en la mejilla. Ingrata labor la de la toma de decisiones a la que se someten los hombres que ejercen el poder. Cortés carga con estos estigmas toda su vida. Lo sigue haciendo.

Antes de pasar al siguiente apartado, conviene, «a vuelo de pájaro», revisar en este el mundo en que se vivía. La práctica religiosa del pueblo mexica descansaba en los sacrificios humanos. Se creía en la necesidad de alimentar al cosmos: el sol perdería su fuerza si no recibía la sangre de los sacrificios, ya que tal líquido era la fuerza vital que movía el universo. La vida diaria comenzaba con sacrificios humanos en todos los templos, principalmente de esclavos y prisioneros de guerra. Dicen los informantes de Bernardino de Sahagún: «a estos esclavos, hombres y mujeres, después que los compraban criábanlos con mucho regalo y vestíanlos muy bien; dábanlos a comer y beber abundantemente y bañábanlos en agua caliente, de manera que los engordaban porque los habían de comer y ofrecer a su dios».

Describe así el acto ritual del sacrificio: «cuando llevaban los señores de los cautivos a sus esclavos al templo, donde los habían de matar, llevábanlos por los cabellos; y cuando los subían por las gradas del cú, algunos de los cautivos desmayaban, y sus dueños los subían arrastrando por los cabellos hasta el tajón donde habían de morir, llegándolos al tajón que era una piedra de tres palmos en alto o poco más, y dos de ancho, o casi, echábanlos sobre ella de espaldas y tomábanlos cinco: dos por las piernas y dos por los brazos y uno por la cabeza, y venía luego el sacerdote que le había de matar y dábale con ambas manos, con una piedra de pedernal, hecha

Uso de perros como arma de guerra durante la conquista.
Amoxcalli, códices.

a manera de hierro de lanzón, por los pechos, y por el aguje-
ro que hacía metía la mano y arrancábale el corazón, y luego
le ofrecía al sol; echábanle en una jícara. Echaban el cuerpo
a rodar por las gradas del cú, e iba a parar a una placeta, abajo; le tomaban unos viejos y le llevaban a un calpul donde le
despedazaban y le repartían para comer. Antes de que hicie-
sen pedazos a los cautivos los desollaban, y otros vestían sus
pellejos y escaramuzaban con ellos con otros mancebos».

Esclavitud en la era prehispánica.

Agrega Miralles que «no se trataba de una antropofagia ritual, sino de un canibalismo que podría etiquetarse de gastronómico, y que se encuentra perfectamente documentado por distintas fuentes». El padre Las Casas, quien como ferviente defensor del indio se encuentra por encima de toda sospecha, cuenta una versión muy similar a la anterior y lo complementa con la descripción de cómo se preparaban los platillos a base de carne humana: «y después de muertos, luego los hacían pedazos y los cocían, echaban en las ollas flores de calabaza… con maíz cocido». El antecesor del pozole[23].

Existen descripciones de la crueldad con que los indígenas, de uno y otro lado, combatían entre sí; lo hacían con características espeluznantes. La Conquista española fue

---

[23] El pozole es un platillo tradicional mexicano que se elabora con base en granos de maíz y caldo sazonado durante la cocción. En la actualidad se prepara con carne de pollo, cerdo o res, pero en la época prehispánica, según fuentes documentales, se hacía con carne humana.

también la guerra civil de liberación de los pueblos subyugados por el dominio azteca. La victoria hubiera sido imposible sin la contundencia tlaxcalteca, la asociación de los pueblos ribereños del lago, y sin la tardía pero determinante coalición con Texcoco, la cual rompió la alianza con Tenochtitlán. Había motivos poderosos para no perder la oportunidad de venganza de varias generaciones humilladas.

No es exagerado aseverar que se trataba de la cultura de la muerte, pues esta era expuesta y celebrada. Aunque no debe creerse que, al estar habituados a ella, enajenados, la veían sin miedo; al contrario, el poder de la clase sacerdotal, confundida con el gobierno, descansaba en este sentimiento para poder dominar. Sangre, sangre y más sangre, qué importaba el sentido. En esto se originan muchas de nuestras minusvalías colectivas.

«A un costado del Templo Mayor, sobre una gran plataforma de piedra, se encontraban unas torres que tenían la peculiaridad de estar construidas con calaveras unidas con

Santo Domingo presidiendo un auto de fe, Pedro Berruguete, 1475.
En aquella época, la deshumanización se dio en todos los ámbitos donde fue posible abusar del poder, en detrimento tanto de personas como instituciones.

argamasa, con los dientes hacía fuera. Había unas varas, en cada una de las cuales se encontraban cinco cráneos atravesados por las sienes», describe el Conquistador anónimo. Este testigo, en compañía de otro curioso soldado, Gonzalo de Umbría, se dedicó a contar el número de varas y, multiplicándolas por cinco, encontró que habría 136.000 cráneos, sin contar lo de otras torres que eran más difíciles de contabilizar. Era el tzompantli, el osario gigantesco, donde se encontraban expuestos los cráneos de los sacrificados. «Creamos dioses a nuestra imagen y semejanza, creamos demonios», reflexionaba un indígena convertido.

En todas partes del mundo se encuentran ejemplos de atrocidades descomunales, casi todas producto de la guerra (desviación mental favorita del ser humano). Europa no fue ajena, las guerras religiosas del cristianismo dejaron más muerte y desolación en unas cuantas décadas, que toda la persecución romana en tres siglos. Las peores perversiones se hacen en el nombre de Dios. La deshumanización se da en todos los ámbitos donde se puede abusar del poder (de personas o instituciones). La sofisticación que se alcanzó en la tortura de la época, ha dejado morbosos museos de esa práctica regados por todo el mundo. Éramos inmunes al dolor del otro.

Las culturas no subsisten por sus virtudes, perecen por sus vicios. La fe y el sistema de creencias que mantenía la clase sacerdotal mexica y sus prácticas, eran insostenibles porque atentaban contra la vida misma. Si los dioses reclaman vida para dar vida, niegan al mismo tiempo su naturaleza divina.

Capítulo VII
El drama de Moctezuma
y su circunstancia

Nezahualpilli, rey astrólogo de Texcoco, acude ante Moctezuma para confirmarle los vaticinios de desventuras para su pueblo: este será destronado, y el imperio, destruido, un grupo de astrólogos se lo confirma. Los hace matar.

En el año trece conejo, Juan de Grijalva, a quien la superstición atribuye ser el primer Quetzalcóatl que regresa, llega a la costa de los mexica; es la primera vez que se oye el nombre de México. Se cumplen las predicciones. Meses después llega a la fortaleza de Ulúa, Veracruz, Hernán Cortés, el segundo Quetzalcóatl. Cuenta Gutierre Tibón que «la desesperación de Moctezuma por todos los presagios, oráculos, sueños y la aparición en el golfo, de los hijos de este dios que venían a arrebatarle su imperio, lo impulsó a querer quitarse la vida». La verdad es que el emperador proyectaba la evasión de una vida que difícilmente podía tolerar.

El tianguis, un mercado de origen prehispánico. Moctezuma llevó al esplendor a su pueblo. Su sistema legal no tenía parangón en Europa. Fue el único gobernante de su tiempo que exigió la educación obligatoria para todos los miembros de la sociedad. Los tianguis demostraban una gran organización social. El trueque constituyó el método más común para poder hacerse de productos y servicios. El tianguis de Tlaltelolco, al aire libre, fue el más importante.

Moctezuma II es entronizado por los nobles aztecas y por los gobernantes de las tribus aliadas en un sistema de elección sabio, según sus virtudes y aptitudes. (Un mecanismo muy similar al utilizado 400 años después en las sucesiones presidenciales de la era postrevolucionaria, en lo que constituye, tal vez, un método poco democrático y que podría tener sus vicios, pero definitivamente auténtico, acorde a la herencia cultural e idiosincrasia mexicana, y que resuelve por 70 años, extrayendo de la costumbre y de la sabiduría popular, el asunto de la sucesión de manera pacífica, lo que no aconteció en ningún país similar al nuestro). El tlatoani Moctezuma es un sumo sacerdote introvertido y humilde, pero estas impresiones resultan engañosas. Pronto se muestra arrogante y de una ambición no igualada por ninguno de sus predecesores.

Hace renunciar a los consejeros de anteriores monarquías y retira a todos los generales más destacados. Los que vacilan en abandonar sus cargos son sumariamente ejecutados. Para reemplazarlos, elige aduladores inexpertos, porque «aquellos que han estado al servicio de algún otro gran señor, pondrán en tela de juicio cualquier cosa nueva que yo disponga… Y por eso no quiero tener a tales personas a mi alrededor». Es un aristócrata celoso, le ofende que anteriores gobernantes confiaran cargos a personas de baja cuna y prohíbe, de plano, que alguien se atreva a mirar a su rey. Al entrar en la sala de audiencia deben humillarse; antes de hablar, harán tres reverencias y dirán tres veces «gran señor».

A Moctezuma se le rinde culto como a un dios. Durante sus 18 años de reinado, somete férreamente a sus tributarios (se adivina claramente el origen de la palabra), los sacrificios humanos aumentan, las capturas de prisioneros se multiplican, y la separación entre monarca y pueblo es total. A su paso se barre el camino. Imaginemos, pues, la soledad en la que vivía este personaje convertido en vida en deidad, atrapado en el protocolo y convencido de su condición especial.

Encuentro de Cortés y Moctezuma.

A este hombre, Moctezuma, los españoles tienen que apresarlo a los pocos días de la primera entrada sin lucha a Tenochtitlán, por sospecha de ordenar la matanza de la guarnición de la Vera Cruz y para controlar, a través de él, al resto del gobierno local y garantizar la seguridad del contingente invasor en visita forzada en la capital. Imaginemos la angustia de este gran señor, monarca supremo de las Américas, apartado de la realidad terrenal, siendo sometido con grilletes. El drama de toda una cultura, de toda su fe se le viene encima, pero también su humanidad. De pronto reconoce al hombre vulnerable que en verdad es. Dramas similares encontramos muy pocos así en la historia. Pero no todo es de lamentar, poco conocida resulta la vida cotidiana del prisionero real durante sus últimos días y la transformación de su personalidad, liberada de sus atributos impuestos.

Escasamente se comenta que la relación entre el monarca y Cortés llegó a ser la de confidentes y amigos. Se suele presentar a Moctezuma como un líder pusilánime, hundido por el peso de la profecía cumplida y humillado en captura, rodeado de guardias españoles. En realidad, vive una especie de arresto domiciliario de palacio, en el que hace vida de colega con soldados, se familiariza con las costumbres de ellos, participa de los juegos y escucha la nueva doctrina que le plantea el padre Olmedo. «Pareciera que el cautiverio le hubiera resultado provechoso para liberarse de esa telaraña protocolaria, en la que él mismo se enredó y la prohibición de mirarle a la cara», comenta Miralles.

Durante la primera estancia española en Tenochtitlán, de noviembre de 1519 a junio de 1520, Moctezuma cambia muchísimo. A medida que convive con sus captores, va emergiendo un ser enteramente nuevo; juega a los tejos, le autorizan paseos a sus casas de placeres invitando a sus nuevos amigos a que se unan a la diversión, presume su zoológico, se maravilla con los barcos de vela que improvisan, ve novedades europeas, se fascina con artefactos ignotos y hace mofa del extremo interés de esos hombres por el oro.

Hernán Cortés ordena imponer grillos a Moctezuma, óleo de Antonio
Gómez Cros. Museo del Prado.

Son escenas de película en uno de los lugares más hermosos y espectaculares del mundo: un emperador en cautiverio que experimenta de otra manera la libertad, un general victorioso, el pueblo nervioso y un ejército bajo presión. El monarca, en su tragedia, se siente a gusto, desciende de su pedestal. «Puede hablar de tú a tú y bromear», continua Miralles.

En tal sentido, Cortés escribe: «y fue muchas veces a holgar con cinco o seis españoles a una o dos leguas fuera de la ciudad y volvía siempre muy alegre y contento al aposento donde yo le tenía». Moctezuma no escapa porque no quiere. Se permite carcajadas. El emperador cautivo sigue gobernando, es el árbitro entre las rencillas de los nobles aliados y dicta las instrucciones de su co-gobernante (Cortés). Ambos forman un equipo de trabajo. Presenta vasallaje a Carlos V y se convence de que no hay vuelta atrás. Visita al jefe español y da valiosos consejos. Pero sobre todo, el antiguo sacerdote conoce la calma espiritual que nunca tuvo, pues Cortés acaba con todos los ídolos, desde Cempoala hasta Tenochtitlán... y no pasa nada. Moctezuma replantea su cosmogonía; se acaba la superstición y reconoce los engaños de sus antiguas creencias. La religión tiene atrapada a su clase sacerdotal y es el azote de todo el reino. Pide ser bautizado. Muere a consecuencia de una pedrada cuando se le orilla a que calme a su pueblo rebelado. (Le sucedería Cuitláhuac, quien pronto moriría de viruela. Por último, ascendería Cuauhtémoc, quien sería derrotado el 13 de agosto de 1521).

Moctezuma ha tenido mala prensa. Dice Miralles: «fuera de Cortés, que enaltece su figura, no hay otro que hable bien de él». Aparte de su drama personal, sufre el duro juicio de la historia. Y esta ha sido interpretada siempre desde el poder, con fines mezquinos. Se prefirió fomentar la versión adolescente del Cuauhtémoc valiente que resultó en suicidio del pueblo azteca, en vez de la meditada aceptación que fue la del sabio Moctezuma. Pese a todo ello, valdría reconocer que, dentro de la cosmovisión de los pueblos nativos americanos, que es como debe valorarse a Moctezuma,

México-Tenochtitlán y el lago. «Y fue muchas veces a holgar con cinco o seis españoles a una o dos leguas fuera de la ciudad y volvía siempre muy alegre y contento al aposento donde yo le tenía», informa Cortés a Carlos V sobre el cautiverio de Moctezuma.

él fue un gran monarca, llevó al esplendor a su pueblo. Su sistema legal no tenía parangón en Europa, «fue un gran reformador y educador, el único gobernante de su tiempo en el mundo que exigiera la educación obligatoria de todos los miembros de la sociedad», dice Romerovargas, citado por Matthew Restall.

Sin embargo, este y los apartados anteriores otorgan una tenue pincelada de lo que era la realidad conceptual de todo un pueblo. ¿Cuáles eran los principales motores de la vida? No hay más, digámoslo cruda y sinceramente: el miedo, la superstición y la muerte (después de penetrar en investigaciones históricas serias, que remontan a unos 250 años previos a su derrota, en 1521, puedo decirlo. Por supuesto, sin detrimento de las virtudes del mismo pueblo azteca). Los mexicas se hallaban inmersos en enormes círculos viciosos dogmáticos y conceptuales que les fueron extirpados de cuajo, en cirugía de pecho abierto por Cortés. ¿Les cambió la vida? Se la salvó.

Lapidación del pueblo rebelado a Moctezuma por cooperar con el español invasor. Anónimo.

Cuando los valores generales resultan equivocados de raíz porque van en contra de la naturaleza humana, son insostenibles; a veces para que evolucionen pueden pasar siglos, pero en ocasiones sucede que son confrontados de manera abrupta y se desvanecen de inmediato ante lo evidente del error o ante la superioridad notoria de una nueva propuesta. Sucede en el comercio, la tecnología y también en las ideas. Las empresas quiebran, la tecnología cae en desuso, las filosofías, en especial las religiones, absorben, se modifican; cuando se derrumban, se convierten en dramas de fe y tragedias sociales para las generaciones de choque que sufren el trauma inicial. De pronto los aztecas se descubren sin nada en que creer: la soledad y la desconfianza se convierten en depresión. Fue alto el precio, pero era peor continuar en la confusión.

La aristocracia, un pequeño número de nobles, eran los únicos privilegiados temporales de una realidad distorsionada. A esta minoría debe restársele la mitad que constituían las mujeres. Ellas, aunque valían lo mismo que los hombres y su participación en la sociedad y su fertilidad eran sagradas, eran tratadas solo como un elemento complementario del varón.

Para ilustrar lo anterior, una anécdota: consumada la lucha armada y comenzada la inmediata reconstrucción de la ciudad, serenados parcialmente los ánimos, Cuauhtémoc, a nombre de un grupo de notables, realiza una gestión para que les fueran devueltas las esposas que les habían sido arrebatadas por los soldados. Cortés da licencia para que las busquen y da mandamiento para que fuesen devueltas. La condición impuesta fue que a las que se encontrasen, se les preguntara si aceptaban libremente volver a ellos. Bernal refiere que, a pesar de que las mujeres se ocultaban, los esposos no tardaron en encontrarlas. De decenas, solo tres aceptaron retornar con sus maridos.

Se tiende a «aztequizar» (perdón por el término) todo el pasado prehispánico, es decir, la opinión generalizada identifica la suerte del pueblo mexica con la de todos los que vivían antaño en el territorio que hoy ocupa la República Mexicana.

Y no es así, los aztecas eran solo los habitantes de la ciudad asentada en un islote del lago de Texcoco, México-Tenochtitlán, con unos 60.000 ciudadanos. El resto de la población, unos 10 millones en aquel entonces, no pertenecían a este pueblo, pero sí era tributaria y corría la suerte —a menudo muy mala— que el imperio le imponía.

Los aztecas eran beneficiarios del status quo que ellos exigían, pero eran solo el 0,6 % aproximadamente de la población. El resto, de una u otra forma, padecía el esplendor de aquéllos. Por eso, desde muchos puntos de vista, el grueso de las personas, no obstante las atrocidades de la guerra y los abusos de la burocracia virreinal, mejoró su condición humana, por lo menos empezaron a considerarse parte de un todo, con derechos y obligaciones, y podían exigirlos ante los tribunales en igualdad de condiciones. Existen de lo anterior muchos ejemplos en los archivos y bibliotecas del mundo.

Capítulo VIII
Razones para no prevalecer

Varios pueblos del México antiguo (aztecas, chichimecas, toltecas, tarascos, mixteco-zapotecas y sobre todo mayas) lograron interesantes avances en la organización social y gozan de gran mérito en el arte y en la industria manual. Los toltecas fueron grandes constructores, lo mismo que los mayas, además de extraordinarios astrónomos y matemáticos. Por otro lado, algo que nunca se debió perder, como sugiere Elisa Queijeiro, es la «conexión» de los antiguos mexicanos, quienes vivían en comunión con el todo: con el cielo y la tierra como sus fuentes de información; con las plantas, que eran medicina y nutrición, las respetaban, eran un tesoro. Se valoraba en su justa medida a los animales, pues eran símbolo, mensaje y metáfora de vida y guía cotidiana. Es decir, eran más conscientes de la unicidad. Fueron sabios observantes, constructores matemáticos y sujetos, en todo, a un orden divino.

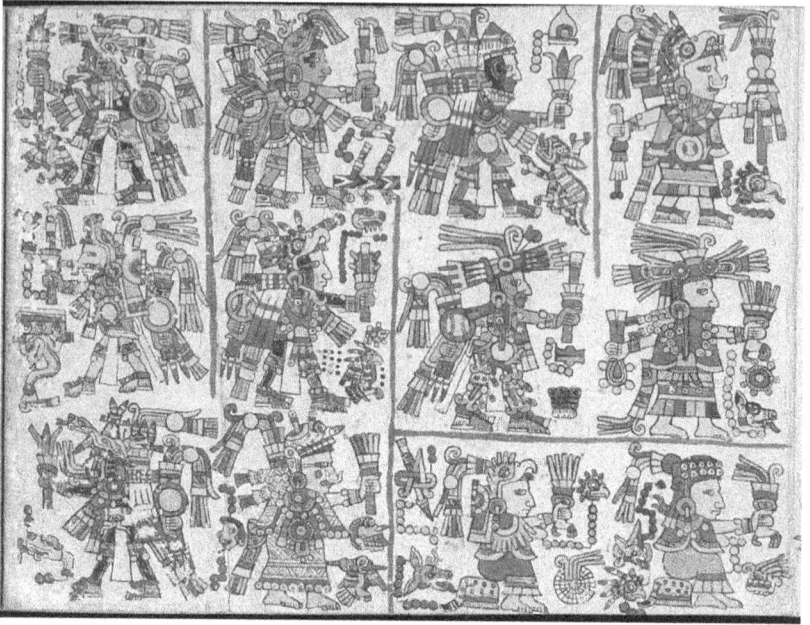

El mundo americano carecía de escritura tal como los europeos la entendían; sus habitantes se basaban en pictogramas para explicar conceptos. Las tradiciones y la historia se transmitían de manera verbal.

No obstante lo anterior, en un mundo ya conectado, era muy difícil que siguieran progresando porque les faltaban elementos de cultura verdaderamente esenciales y de adelanto tecnológico que desconocían, sin mencionar los lastres psicológicos ya tratados. Debemos convencernos, para tener un análisis honesto, de que las civilizaciones existentes en la época en que llegaron los europeos a América eran muy distintas a las principales del resto del mundo. Tales pueblos carecían de los medios suficientes para lograr un progreso social, económico, religioso y militar dentro del nuevo contexto que las circunstancias imponían.

Entre las principales causas del atraso mesoamericano debe mencionarse que sus habitantes no tenían un equivalente del alfabeto, hacían pictogramas para explicar conceptos o sucesos y se transmitían las tradiciones y la historia de manera verbal, pero sin escritura. No se conocía la rueda, la cual, si se utiliza como juguete, nunca se emplea en funciones prácticas que acrecienten la producción agrícola o el transporte. Así como los mencionados, hubo otros aspectos que frenaron el desarrollo de los pueblos americanos:

- El animal imprescindible, el caballo, era la gran ausencia del continente. No había semejante. Su inexistencia era determinante y colocaba al americano en una desventaja enorme. Fue lo que más impresionó en los primeros encuentros: dragones voladores que arremetían contra el enemigo, principal arma del invasor en la guerra e indispensable herramienta en la paz. Su utilidad era total, como transporte, tanque, carga, piel, pelo, brocha, fiesta, desfile, alimento. El caballo es símbolo y sinónimo de civilización. El hombre le debe todo. Esta bestia hermosa, el único vestigio mitológico que nos dejó la realidad, debería ser homenajeado como se merece. Por lo menos habría que reconocerle ciertos derechos. No es una extravagancia que en la actualidad ya se comience a hablar de los derechos de los animales, muchos tienen más humanidad que ciertas personas.

- Tampoco había otros animales de tiro o de carga: la principal fuerza era el músculo, y la carga se realizaba en las espaldas.

- No se conocía el ganado ni multitud de plantas alimenticias. Eso hacía débil y poco variada la alimentación.

- No se sabía forjar el hierro. Por lo tanto, no se podían crear las principales industrias y oficios que desde tiempos remotos existían en Europa. Desde este punto de vista y desde muchos otros, América se encontraba en el neolítico.

- Bernal y Gómara ofrecen el dato curioso de que los indios «se sintieron cohibidos al ver que, disponiendo de cera y algodón, nunca se les hubiera ocurrido hacer velas para alumbrar», y en lugar de frotar durante mucho tiempo dos maderos para producir fuego, los recién llegados lo obtenían de un solo golpe, dando al pedernal con un hierro. Dicha acción estaba fuera de su alcance, no manejaban el hierro.

- Se desconocía la utilización de la vela y la polea en la navegación. Los remeros, en sus canoas a través de los lagos del Anáhuac, se admiraban de ver pasar a los recién construidos bergantines de vela españoles a gran velocidad, sensación que, cuatro siglos después, experimentarían los ingleses y franceses en sus aviones de hélices al final de la Segunda Guerra Mundial. En aquella época, los europeos sentían pasar como mosquitos a los primeros *jets* alemanes a base de alcohol como combustible, pues ya no tenían petróleo.

En lo militar, no obstante el carácter bélico de las culturas americanas, las tácticas de guerra eran muy primitivas. Se desconocía la pólvora. Las armas eran las mismas que miles de años atrás se habían dejado de utilizar en Asia y Europa. La jerarquía militar dependía principalmente del mando superior; no contaban con una estructura escalonada de mando. Si se llegaba a derribar o matar al principal general indígena, el resto del ejército inmediatamente se desbandaba, como sucedió en varias ocasiones a lo largo de la Conquista, pero de manera contundente en la batalla de Otumba. En ese enfrentamiento, un ejército de decenas de miles de aliados de la fuerza mexica sorprende a los maltrechos españoles y a sus aliados tlaxcaltecas en su recorrido de huida de Tenochtitlán después de la noche triste[24]. Cortés, malherido, arremete con su caballo cruzando a lo largo de la línea enemiga, logra avanzar hasta el muy visible (por su impresionante penacho) comandante azteca y acaba con él. Los aztecas se dispersan. Es decir, no existían las

---

[24] Así se le llamó al episodio de huida española de Tenochtitlán, donde murieron cientos de soldados españoles, miles de sus aliados indígenas y perdieron todo el oro que habían confiscado a Moctezuma. La leyenda menciona que, ante tal suceso Hernán Cortés lloró su pérdida.

Estudio de un tordillo gris, Thèodore Géricault. El
caballo, la gran ausencia del continente americano.
Cuando los europeos llegaron a América, un género
de caballo pequeño, endémico, se había extinguido
ocho mil años antes. Esa inexistencia colocaba a
los nativos americanos en una desventaja enorme
en relación con el resto del orbe. Este animal
fue la principal arma del invasor en la guerra, e
indispensable herramienta en la paz.

estrategias generales ni las tácticas particulares propias para
lograr, progresivamente y de manera eficaz, un resultado
victorioso ante un enemigo poderoso.

Las batallas eran improvisaciones marciales basadas en la
superioridad numérica y hasta en acuerdos previos de toma de
prisioneros para los sacrificios humanos, como en las Guerras
Floridas. En estas se imponía al enemigo, previamente subyu-
gado, su derrota, prestándose de todas maneras a un montaje
ritual de guerra y de entrenamiento de la tropa azteca. El oposi-
tor, resignado, optaba por esta versión de la guerra. No tomarla

Parte de la flota de 12 bergantines empleados en el asedio final
de Tenochtitlán, Códice Florentino, libro XII, foja 55r.

significaba su desaparición o la esclavitud. En estas circunstancias y en la costumbre determinante de no matar al enemigo sino capturarlo para inmolarlo en la piedra de los sacrificios, radicaba la desventaja contundente de guerra del muy violento pueblo mexica, pero indefenso ante un ejército organizado europeo.

Se vivían realidades diferentes. América estaba aislada, el continente era una enorme y alargada roca que se integró al resto del mundo en un paso violento y gigantesco en el tiempo, gracias a la ambición, al empeño, equivocaciones y malos cálculos de un explorador que, buscando rutas para dirigirse a Asia, descubrió para Europa una tierra a la que él nunca llamaría América.

Batalla de Otumba, anónimo. En este enfrentamiento, contrastaron notablemente la diferencia de estrategias militares y la finalidad última de los encuentros bélicos que perseguían los ejércitos de ambos continentes.

Capítulo IX
Evangelización

> «Cabeza de la diosa Coyolxauhlqui, quien murió en el cerro de Coatepec, decapitada y desmembrada por su hermano, Huitzilopochtli, el dios patrono de los mexicas. La diosa está ataviada...».
>
> *Cédula informativa de la cabeza en roca que se exhibe en la sala principal del Museo de Antropología, en la Ciudad de México.*

Así como en otros ámbitos hubo personalidades importantísimas que parecen emisarios del destino, tal es el caso de Malinalli para la interpretación de ambas culturas. En el aspecto religioso, sobre todo durante los primeros años, lo fue fray Bartolomé de Olmedo, «una especie de director espiritual de la empresa de la Conquista», atina Miralles. Este fraile mercedario se ocupaba no solo de oficiar misas, sino de efectuar algunas labores político-diplomáticas y planear estrategias. Era de los pocos de quien Cortés se dejaba aconsejar. Asimismo, era teólogo, buen cantor, dotado de sentido del humor y de gran perspicacia, «muy cuerdo y sagaz», anota Bernal. No aspiraba a cargos o prebendas.

Podría imaginarse a este fraile como esos personajes que saben manipular a su jefe para «apretar» con autoridad moral cuando se requiere, pero que, sin embargo, hacen lo primero solo para poder lograr lo segundo. Era un fiel de la

Fray Bartolomé de Olmedo. La otra cara de la Conquista mostró una faceta más amable. Cortés comprendió, desde el inicio, la forma en que debía ser revestida la cristiandad para poder imponerla en un pueblo de arraigadas costumbres religiosas. Fray Bartolomé de Olmedo, «de él escuchan los interpretes la nueva filosofía que dar».

balanza, prudente, inteligente y alegre. De gran valor, es a él a quien acude el comandante Cortés cuando la situación se torna extremadamente delicada. De él escuchan los intérpretes la nueva filosofía que dar. Indispensable. Ese hombre sienta las bases para lo que vendría después.

Hablemos de paz. La otra cara de la Conquista muestra una faceta más amable: la evangelización de los pueblos dominados. Así como hoy la humanidad vive supeditada al aspecto económico, en esos tiempos era a lo religioso tanto en América como en Europa. Cortés comprende el ejemplo y la forma en que debe ser revestida la cristianización que se empeña en realizar.

A medida que avanza hacia la capital convirtiéndose en el gobernante indisputado, prohíbe los sacrificios humanos, lo que equivale a la supresión de la antigua religión (sumado a que pronto perecería la clase sacerdotal en la destrucción y toma de Tenochtitlán). Está convencido de que nada desarticula tanto el espíritu de lucha de un pueblo como la caída de su ideal religioso. Sin embargo, hay un periodo de transición en la que aparentemente nadie extraña a los antiguos dioses; «no se registra en ninguna crónica que hubiese disturbios ocasionados por nostálgicos del viejo culto», asevera Miralles.

Al derrumbar los ídolos de varios templos y ver que no pasaba nada, al cancelar las ceremonias de los sacrificios y volver a salir el sol, y constatar que la nueva postura era una filosofía de paz sin demanda de sangre, las conversiones se dan en masa, como ocurrió en Cempoala, Tlaxcala, Cholula y otros lugares.

Conocedor de la condición humana, en sus Cartas de Relación, que son verdaderas lecciones de manipulación política, Cortés le sugiere al todavía bisoño emperador Carlos que se abstenga de enviar miembros del clero secular, logrando atraer para la ardua tarea que les espera a religiosos intelectualmente preparados para el desafío mexicano. Llegan primero tres franciscanos, curiosamente no españoles sino flamencos, entre los que se encontraba el inigualable fray Pedro de Gante, quien por humildad, rechaza ser ordenado

Fray Pedro de Gante. Los primeros misioneros que
llegaron a México fueron los franciscanos, curiosamente no
españoles sino flamencos, entre los que se encontraba fray
Pedro de Gante. La labor sorprendente de estas personas
consistió en adaptar sabiamente lo mejor del cristianismo a
la idiosincrasia prehispánica.

sacerdote, lo que lo salva de ser nombrado obispo y caer en
jerarquías humanas o burocracias eclesiásticas.

Llega después la primera de las órdenes mendicantes,
en mayo de 1524, franciscanos también, encontrados por el
propio Cortés nada menos que en su Extremadura natal y
cuna de una renovada y prestigiosa rama de la orden fundada por San Francisco de Asís. A su paso escuchan «¡motolinía,

Fray Toribio de Benavente
«Motolinía», pobre en lengua
náhuatl.

motolinía!», que significa «pobre», por lo que fray Toribio de Benavente decide llevar ese nombre el resto de su vida.

Más tarde llegan dominicos, agustinos y luego jesuitas. Estos seres maravillosos adaptan sabiamente lo mejor del cristianismo a la idiosincrasia prehispánica. Intuyen que, para cristianizar a un pueblo de arraigadas costumbres religiosas, no pueden prescindir del pasado pagano. Por tanto, vuelven suyo lo sagrado de los lugares de culto indígena y respetan ciertos ritos autóctonos, facilitando a los naturales la asimilación de la nueva religión, sin abandonar del todo sus viejas prácticas ni creencias. Nace el sincretismo religioso tan mexicano.

Estos primeros frailes tapan la boca a los pseudojacobinos como yo y compensan, en algún grado, las monstruosas instituciones inquisidoras de la Corona, autorizadas por la Iglesia de la época. No exagero al decir que estos teólogos, por su calidad humana, heroísmo, sencillez, pero sobre todo por la labor que desempeñaron en la conversión y educación del pueblo conquistado, merecen en letras de oro que escribamos sus nombres en donde sea que el público en general los reconozca como ejemplo a seguir. Eran lo mejor del orbe.

A su llegada a la ciudad de México, los recibe Hernán Cortés. El conquistador victorioso, invencible, de ejércitos americanos y españoles, quien osó ver fijamente a los ojos al emperador de las Américas para luego despojarlo de su poder, se arrodilla al pie de un harapiento fray Martín de Valencia, jefe de los misioneros, a quien le besa la mano.

Esa escena es la más significativa de toda la epopeya. Tal imagen justifica la Conquista y es una de las más hermosas de la historia del hombre, porque subordina, en los hechos, la fuerza y la estrategia del poderoso a la humildad de una noble intención. Y la intención es el alma de todos los actos del hombre.

Quizá sea aquí el espacio para señalar la diferencia filosófica, por tanto de actitud práctica, que tomaron las dos principales vertientes del cristianismo occidental en América. Para los católicos españoles y portugueses, la conversión de los infieles no solo justificaba la Conquista sino su posterior dominación, pues extendieron sus ideas religiosas imponiéndolas. Para los protestantes ocurrió al contrario. Holandeses e ingleses fundaron sus comunidades para escapar de una ortodoxia, se mostraron indiferentes a la imposición religiosa porque huían de ella. Se inspiraron en la Carta abierta a los nobles cristianos de Martín Lutero.

Para el reformador, dice Octavio Paz, «una tierra deshabitada o poblada por paganos es una tierra salvaje y así equipara al mundo natural con el paganismo; si unos cristianos se encuentran en una tierra salvaje su deber no consiste en convertir a los paganos sino en elegir a sus propias autoridades religiosas. Los indios americanos eran parte de la naturaleza y, como todas las cosas de la tierra, estaban contaminados por el pecado y la muerte (puritanismo puro…). Los indios fueron tratados como naturaleza salvaje a la que hay que someter

Bautizo de los señores de Tlaxcala. Catedral de Tlaxcala. Para los católicos españoles, la conversión de los infieles no solo justificó la conquista, sino su posterior dominación. Al contrario, los protestantes se mostraron indiferentes a la imposición religiosa.

o exterminar. La idea de la salvación del prójimo no entra en la ética calvinista porque no es la acción humana sino la gracia divina la que puede salvar al hombre. Es el fundamento de la predestinación». Con este pragmatismo protestante, ¿podemos imaginar siquiera los efectos si el choque de civilizaciones hubiera sido con estos?

También nos referiremos brevemente a un tema recurrente relacionado con la Conquista y que es menester de la historia comparada. No puede hacerse la confrontación de resultados con otras naciones cuyas circunstancias históricas son diametralmente opuestas a las latinoamericanas, como ocurre con Estados Unidos principalmente. Lo que sucedió en Norteamérica fue una ocupación del territorio, aquí el término conquista es antónimo de colonización. No hubo una civilización a la que imponer una cultura. Sí había tribus respetuosas del medio ambiente y conscientes de su papel en la tierra, las cuales sufrieron desculturización y acabaron pereciendo a golpes de occidentalismo.

El anglosajón, a diferencia del latino, no se interesó en integrar a los naturales; los apartó y ejercieron su ideología de explotación de los recursos naturales sin ningún interés en lo humano. A las personas se les impusieron los valores de la «civilización» (principalmente armas, alcohol y juego) con lo que acabaron con su individualidad. Comparar aquello con lo ocurrido en Latinoamérica es una estrechez. El que desarrolla un paralelismo, incurre en «necedad».

Si se cuestionan algunas prácticas protestantes que ocurrieron durante la colonización de Norteamérica, e imaginamos lo inhumano que, desde nuestra perspectiva, hubiesen sido con las culturas mesoamericanas, debemos distinguir, en cambio, lo benéficas que hubieran resultado siglos después tales prácticas en la transición de la sociedad tradicional a la moderna.

Señala Paz: «en el siglo xvii Nueva España era una sociedad más fuerte, próspera y civilizada que Nueva Inglaterra pero era una sociedad cerrada no solo al exterior sino al porvenir. Mientras la democracia religiosa de Nueva Inglaterra se transformó, al finalizar el siglo XVIII, en la democracia política de los Estados Unidos, Nueva España, incapaz de resolver las contradicciones que llevaba en su seno, se desmoronó». Ese puente natural a la modernidad fue el protestantismo. Con el anterior resultado podríamos terminar juiciosos reconociendo a la Iglesia sus méritos, pero solicitando que examine sus culpas.

Comentando la primera edición de este libro, un inteligente amigo judío (pero ateo, lo que lo faculta para el comentario) me hizo ver la necesidad de analizar las repercusiones de haber impuesto a un pueblo una religión como la católica, a la que, probablemente, deberíamos responsabilizar de varios lastres psicológicos que se padecen hoy. En parte puede ser cierto si a ello se suman los antecedentes prehispánicos a tal hecho. Pero estoy convencido de que, hace 500 años, esa imposición religiosa, con todo y sus consecuencias, fue una solución o, por lo menos, un avance significativo para la estructura mental mexicana, de conceptualización filosófica y en la forma de relacionarse en comunidad y con la propia espiritualidad. Debe profundizarse mucho en este tema, que por su importancia puede ser materia de otro ensayo (más bien, tratado).

Capítulo X
Cortés, el hombre

Fuentes Mares se atreve a hablar de predestinación cuando explica a Cortés. Señala que fray Juan de Torquemada recalca que: «al momento de nacer nuestro hombre en Medellín, nacía en Sajonia Martín Lutero, este para turbar al mundo y perder fieles católicos; aquél para traer al gremio de la Iglesia católica infinita multitud de gentes». Curiosa sincronía de la historia, aunque yo estoy de acuerdo con ambos: con Lutero y con Cortés.

Por fuera, Cortés es de mediana estatura, un poco lampiño, de pecho alto y poca barriga según las informaciones que utiliza el historiador Miguel León-Portilla. Fray López de Gómara, su capellán en la década de los cuarenta del siglo XVI, afirmó que tenía el cabello largo y la barba clara, algo roja. Thomas concluye que el cabello del conquistador es castaño con toques rojizos.

Hernán Cortés, marqués del Valle de Oaxaca.
«Por fuera Cortés es de mediana estatura, un poco
lampiño, de pecho alto y poca barriga. Tenía el
cabello largo y la barba clara, es castaño con toques
rojizos». «Su estatura se agiganta frente al peligro».

Hernando es un aventurero que busca la gloria y la encuentra. Soldado valiente y audaz, en ocasiones es quien realiza el golpe de audacia que determina la batalla. No se encuentra en ningún escrito, así sea de su enemigo más contumaz, alusión a que en algún momento le hubiera flaqueado el valor. «Su estatura se agiganta frente al peligro», confirma Miralles. Posee las tres cualidades que, al combinarse, constituyen el genio militar (según dice Hilaire Belloc de Cromwell): 1) noción de la realidad, incluyendo dominio de los detalles y tenacidad de propósito; 2) un poder de rápida coordinación de planes nuevos, motivados por circunstancias inesperadas; 3) facultad de mando, con la que determina sobre los que se hallan bajo su influencia, prestando al superior un extraño e íntimo conocimiento del espíritu reinante entre los hombres a quienes ha de dirigir y una peculiar aptitud para conformar ese espíritu con el suyo propio (personalidad).

En los momentos críticos, consulta con su hueste, aunque antes sugiere con habilidad lo que desea que se le responda. La suerte lo favorece como a todos los osados. Es hidalgo que gana nobleza. Domina el latín. Entiende algo de náhuatl.

Destacado escritor, como muestra una y otra vez en sus *Cartas de Relación* y, probablemente, el «verdadero» autor de la *Historia verdadera de la conquista de la Nueva España*, atribuida a Bernal Díaz del Castillo, pero que en una magistral propuesta pone en duda Duverger en su *Crónica de la Eternidad*. «Tiene madera de hombre de Estado», dice Descola. Absorbe las ideas de Platón y nunca olvida las del gran Maquiavelo, a ambos leyó en Salamanca (aunque al florentino se le publicó de manera póstuma en 1531, después de la estadía de Cortés en aquella ciudad universitaria, pero sus ideas ya se discutían décadas antes en las aulas y pasillos escolares).

Además de conquistador, Cortés es empresario armador de barcos, agricultor (introduce en México el trigo, la caña de azúcar, el garbanzo, las moreras para la producción de seda, varios tipos de ganado y mucho más), legislador,

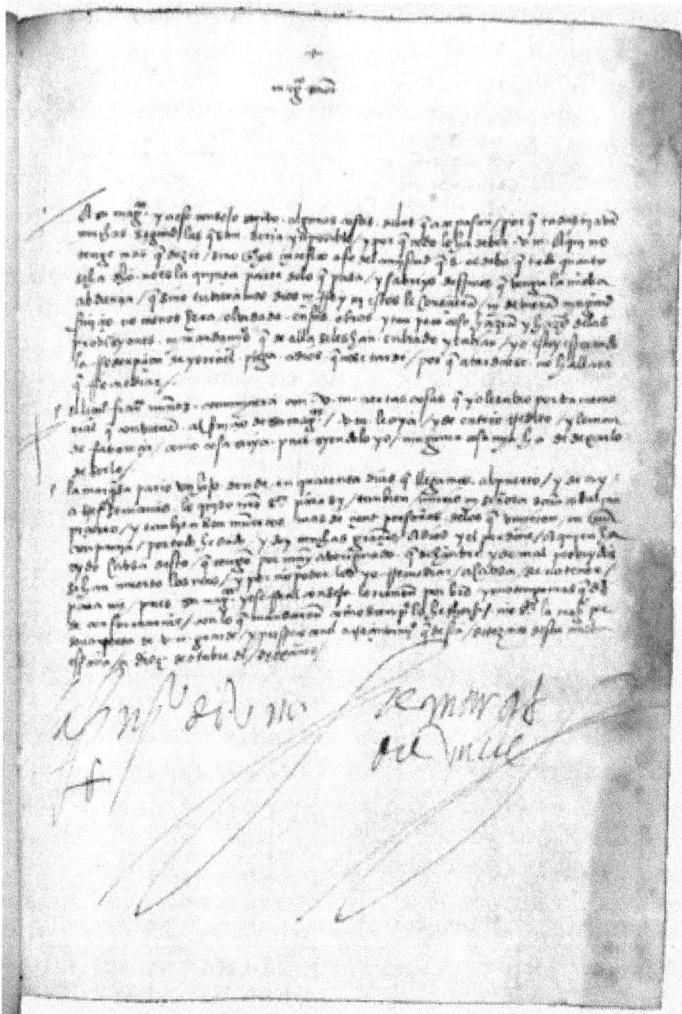

Segunda carta de relación. Hernán Cortés. El conquistador destaca como escritor. Sus Cartas de relación generan tal éxito en Europa que el emperador Carlos V prohíbe nuevas publicaciones para no incrementar su influencia.

urbanista, mecenas de las artes y de la intelectualidad. José Vasconcelos lo llega a calificar como «poeta de la acción»; adicto, diría yo.

Obsesivo dictador de normas. Cuando llega a Honduras, después de su periplo por la selva centroamericana, herido, flaco y quebrantado, funda la villa de Trujillo y deja las siguientes ordenanzas para el buen gobierno de la ciudad: en lo referente a los mercados, «que se haga especial cuidado en el control de pesos y medidas, sujeto el precio a supervisión». Contempla la obligación de que las reses y puercos se sacrifiquen precisamente los sábados en la tarde, dada la prohibición de que se haga en domingo y en el matadero, no en la carnicería, «para que la hediondez no pueda inficionar la salud de dicha villa». Se preocupa por la higiene al señalar a los vecinos la obligación de arrojar la basura en el basurero (500 años con la misma problemática...), que vayan a oír misa y que entren antes del evangelio. Conoce de las trampas de los panaderos, dicta medidas para que estos no usen sustancias que inflen en demasía los panes alterando su volumen.

Es defensor de la hispanidad, promotor de su religión y padre del mestizaje. Hombre prudente. Nunca pierde los estribos, dice fray Bartolomé de las Casas, uno de sus principales críticos. No los pierde, pero vaya que hace corajes. Colérico, organiza, con el boato de un gran señor, la expedición de castigo al sublevado Cristóbal de Olid; decide no volver a ver a una de sus hijas por casarse sin su consentimiento y, a un paso de la tumba, deshereda al más cercano de sus hijos, Luis, a quien tuvo con una indígena bautizada Hermosilla. El motivo de desheredarlo fue por comprometerse con una mujer cuyo padre no era de los afectos de Cortés. Pródigo con muchos; duro y tacaño con otros.

Miralles agrega: «además de poseer un fino sentido del humor era un bromista»; termina por ganarse siempre a sus opositores y enemigos, no importa el medio. Sabe hacerse sentir, se vuelve necesario, el propio monarca en cédula firmada le pedía dinero: «yo vos ruego y encargo cuanto puedo que luego que esta recibáis tratéis de me enviar la más suma de oro que vos fuera posible». Cae en la arrogancia y altivez, por lo que parte de la alta burocracia lo nulifica.

Celoso protector de su linaje, muy de su época; sin embargo, ya hecho marqués y el hombre más prominente de América, prefiere irse a vivir por meses a una choza a orillas del mar, en Tehuantépec, para supervisar, a pie de obra, la construcción de sus navíos. Siempre en mente el futuro proyecto, deja atrás la comodidad de sus casas de la ciudad y la construcción de su palacio en Cuernavaca.

Museo Regional Cuauhnáhuac, Palacio de Cortés, Cuernavaca, a 90 kilómetros de la capital. La arquitectura es de inspiración extremeña, evocación romana y materiales volcánicos muy mexicanos. Se trata del primer palacio «mestizo» de México. Cortés abandona su construcción para irse a vivir a una choza en la costa del Pacífico para supervisar personalmente la construcción de sus navíos, siempre teniendo en mente el siguiente proyecto. Como «Poeta de la acción» lo calificó José Vasconcelos.

Con Cortés se inicia en México la tradición marinera, la representación geográfica del planeta se enriquece y, gracias a sus expediciones, posteriores a la Conquista, se desecha para siempre la idea de que Cipango y Cathay (Japón y China) se encontraban muy cerca del Nuevo Mundo, explica León-Portilla en el libro Cortés y la Mar del Sur. Promueve el primer viaje de México a Asia cruzando el Pacífico. Padre de la marina tanto mercante como militar.

En ocasiones también emprende y explora sin éxito, pero aquí aplica lo que el jesuita Chris Lowney afirma en relación con los exploradores que no encontraron su objetivo: «la medida de su grandeza personal no es tanto lo que encontraron al final del camino sino más bien la fortaleza de carácter que los acompañó a lo largo del mismo: su imaginación, voluntad, perseverancia, valor, recursos y decisión de arrostrar el peligro del fracaso».

El explorador Cortés a menudo encuentra «lo que no hay» o «por donde no se llega», para que futuros colegas no tuvieran que explorarlo. Abre camino. Es un precursor. Por eso llama la atención el comentario simplista de Matthew Restall, en *Cuando Moctezuma conoció a Cortés*, un libro, en mi opinión, financiado con obscuras intenciones por facciones interesadas en que nada de lo hispánico resalte en la Unión Americana. El autor señala que Cortés, durante 15 años de expediciones en el Pacífico, consiguió muy poco: «no hubo ganancia, ni devoluciones, no hubo otro resultado que el desperdicio, la miseria y el fracaso» (nótese el carácter mercantilista del comentario).

En relación con lo anterior y a título personal, replico, soportado nada menos que por don Miguel León-Portilla, Chris Lowney, José Luis Martínez y muchos otros, que el hecho de que en estas expediciones no se haya encontrado mayores riquezas no demuestra el fracaso de las iniciativas, sino el temple del que emprende y lo vuelve a hacer, a pesar de no obtener resultados rápidos y fáciles.

Estos «infructuosos fracasos» señalaron las rutas correctas por donde se llegaría, poco después, a un territorio desconocido que algún osado capitán, enviado desde la Nueva España e influido por sus lecturas de juventud, nombraría California, entre otros parajes sin importancia, y donde surgiría posteriormente una federación llamada Estados Unidos de América.

Demeritar estas acciones, es ignorar los orígenes de aquel gran país, truncar su historia y desconocer la aportación enorme de sus primeros y valerosos exploradores. Como consecuencia, también demuestra ingratitud con los misioneros que llegaron sin retraso a culturizar esas tierras inhóspitas.

Nao de la China o «Galeón de Manila». Una de las actividades a las que Hernán Cortés se dedicó con perseverancia después de la Conquista, fue la de empresario armador de barcos. En los navíos exploraba nuevas rutas y realizó varios descubrimientos. Gracias a estos se desecha finalmente la idea de que Cipango y Cathay (Japón y China) se encontraban muy cerca del «nuevo mundo». Cortés promueve el primer viaje de México a Asia, por «la Mar del Sur» (Océano Pacífico), abriendo brecha para lo que después sería la ruta comercial más importante del mundo durante siglos: la Nao de la China.

Es fácil hablar pagado por el otorgamiento de una beca, pero se olvida lo difícil que fue arriesgar, una y otra vez, lo propio, la vida incluida, para que siglos después alguien pueda hacerlo tranquilamente desde la comodidad de un cubículo universitario.

(Contradictoria ironía de la historia: en las recientes revueltas de fanáticos del 2020 se terminó por derrumbar la estatua de Fray Junípero Serra, fundador de decenas de

Mapa antiguo de California. La inquietud de emprender nuevas acciones nunca cesó en Cortés. Su etapa como explorador, durante la década de 1530, fue prolífica. Organizó cuatro expediciones y las financió hasta descubrir Baja California. Sus capitanes subieron al norte, nombraron Colorado al caudaloso río que encontraron y continuaron adelante. «Cuánto le deben hoy los californianos a los primeros exploradores de su tierra bronca».

misiones en la Alta California y precursor del vino de esa región, derribaron la de Juan de Oñate en Albuquerque, Nuevo México y amenazaron las de Colón y otros, con esto se vio mancillado el enorme legado español con el pretexto de los excesos cometidos en su momento contra la población original. Pero quedaron en pie la de los generales anglosajones que posteriormente extinguieron por completo la vida de aquellas personas).

Un último detalle: en 1528 Cortés, tras varias complicaciones con los representantes del rey en la Nueva España, la prohibición real de publicar sus obras (para no aumentar su influencia), la pretensión de Nuño de Guzmán y de la propia Corona de revocarle sus extensos pero merecidos privilegios y expropiarle sus tierras, viaja a España a tratar personalmente sus asuntos.

Adquiere dos navíos y reúne oro, plata y objetos preciosos y, acompañado de sus incondicionales, pero también de un séquito de príncipes aztecas, músicos, acróbatas y animales salvajes, se hace a la mar. Hace 24 años que no toca su tierra natal, se siente ya extranjero. Ahí, su aura de conquistador victorioso, el poder que emana de su persona y de su talento de narrador, junto con los regalos que prodiga, contrarresta en pocas semanas los planes de sus enemigos y del propio rey. Concreta una visita que será de la mayor trascendencia para el futuro pueblo de México. Según Duverger: «en las montañas de Las Villuercas visita el santuario de la Virgen de Guadalupe. Ahí se venera desde mediados del siglo XIV a una virgen negra de madera policroma que se impuso como patrona de Extremadura». Éste es el lugar de peregrinaje preferido por los soldados de la reconquista de toda España. Tres años más tarde, en 1531, la Virgen se aparece en México a un indio en las laderas del cerro del Tepeyac.

La Virgen de Guadalupe unifica a todos los mexicanos por igual. Si es mito, es el más milagroso del mundo y principal símbolo mexicano, tiene asegurada su nacionalidad celestial por decreto del corazón. Pero si se investiga el ADN de la cuestión, se encontrarán cromosomas franciscanos, pretensiones extremeñas, coincidencias cronológicas y causalidades lógicas que permiten intuir que... Dios escucha a Cortés en esa visita.

Ya que crucé la línea de la prudencia, permítaseme exponer mi hipótesis: este «milagro» guadalupano, lo fue inicialmente más para los europeos, nuevos habitantes del naciente país, que para los originales del territorio recién unificado. En 1521 se consuma la Conquista, en mayo de 1524 llegan los primeros misioneros y en 1531 se aparece la Virgen, es decir, siete años llevaba solamente la tarea de conversión de los naturales por los religiosos. Muchos apenas empezaban a conocer la nueva filosofía cristiana y poco entendían de apariciones divinas.

Guadalupe transterrada: la Virgen de Guadalupe, la extremeña y la mexicana. En 1528 Cortés, durante su primer regreso a España, visita el santuario de Guadalupe, en Extremadura. Tres años después, la Virgen se «aparece» en México. Más allá de la hipótesis cortesiana que este libro desarrolla, el símbolo religioso lleva uniendo e identificando al pueblo mexicano por más de cinco siglos.

En contraste, la generación de los conquistadores, casi terminada la pacificación, repartidas sus encomiendas (porciones de tierras con un número determinado de indios para trabajarlas), algunos enriquecidos y otros no tanto, padecían la tentación, siempre latente, de volver exitosos a sus tierras de origen para disfrutar de sus bienes, visitar a sus amigos y deudos, o simplemente regresar a morir a su terruño. Si bien salieron de España pobres, ahora tornaban siendo alguien. La Europa que los expulsó, ahora los acogería porque tenían y eran algo.

Cortés, que se destacaba de todos por su visión a largo plazo, proyectando el futuro, impulsor del mestizaje y con una idea clara de la nación a construir, ve con preocupación la situación de algunos de su camada y decide actuar. Se necesitaban no solo los alicientes económicos y de categoría social que ya gozaban los conquistadores en el nuevo mundo, sino «algo más» que los arraigara, que los hiciera sentir en casa, que les diera un motivo no material para quedarse. Recordemos que en esos tiempos lo religioso regía por encima de todo, era el centro de la vida.

Se aparece, entonces, la figura con la que más se identifica el católico, la madre de Dios, a quien nombran Guadalupe, como la extremeña y más querida por los hombres de su condición. Naturalmente es morena (desde el punto de vista europeo) como la mayoría de los conquistadores y con todos los atributos divinos que su homóloga española, empezando por su hermoso rostro, muy acorde con la estética europea. Cabe destacar que si el mensaje hubiera sido dirigido más al original de Mesoamérica, la imagen la hubieran identificado sus promotores con la diosa Coatlicue, la madre de Huitzilopochtli[25], o con Tonantzin[26], «nuestra madrecita», a las que finalmente, la nueva figura europeizada suplantó.

---

[25] Huitzilopochtli: principal deidad de los mexicas, quien guió a ese pueblo desde Aztlán hasta el lago de Texcoco, donde visualizaron a un águila devorando a una serpiente y en donde fundaron Tenochtitlán. La imagen forma parte de la actual bandera mexicana.

[26] Tonantzin es el nombre que designa a múltiples deidades femeninas del panteón mexica, entre las cuales se considera a la madre de Quetzalcóatl, su esposa o parte de su dualidad.

El milagro es perfecto. Nunca un fenómeno divino fue tan eficaz, resolvió a corto plazo la problemática de los europeos (principalmente españoles, aunque también hubo portugueses, italianos y griegos, entre muchos otros cristianos) en México, al darles una razón espiritual para hacer suya del todo la nueva tierra, acatando el mandato celestial de construir una patria mariana en América.

No fue sino hasta 1555 que Marcos Cipac de Aquino, alumno del colegio franciscano de la Santa Cruz de Tlatelolco, elaboró la adaptación indígena de la Guadalupe extremeña, sin dejar de evocar a la europea. En ese colegio los indígenas aprendían distintas artes y ciencias, y los frailes, sedientos, atesoraban el conocimiento de aquellos. Ahí, el guadalupanismo mexicano se crió en manos franciscanas que lo fomentaron y colocaron en la ermita del Tepeyac, en el antiguo santuario de Tonantzin, dando inicio a su veneración.

Lo digo en serio, más allá de la naturaleza del prodigio, la intención con la que fue creado, divina o terrenal, se cumplió a cabalidad. Este símbolo religioso lleva uniendo e identificando al pueblo de México durante 500 años. El Ser Supremo, La Providencia, el destino o lo que el lector quiera sugerir, echa mano de cualquier herramienta a su alcance para lograr sus objetivos. Cortés, el obispo Zumárraga y el resto de cómplices de Dios, fueron instrumentos geniales que ayudaron a concretar el milagro. (Ahora sí, crucifíquenme).

El nuevo mexicano, Hernán Cortés conquistado, lo tenía claro. Ya no edificó en su ciudad natal, vendió todo y no dejó huella en Medellín. Su última visita fue solo para recoger a su madre para llevarla a México, donde murió a los pocos días en Texcoco.

Toda la década de los treinta (del siglo XVI), Cortés alterna entre la planeación y ejecución de nuevas expediciones marítimas y de descubrimiento, querellas por los derechos de estas con otros descubridores, las audiencias y el Virrey, y ruegos a la Corona para obtener reconocimientos y adeudos pendientes. Fueron años de muchos pleitos y pocas glorias, hasta que decide en 1540 viajar nuevamente a España a reclamar, cerca de la Corte, lo que considera le corresponde defender.

Con la idea de volver pronto a América, con un sentimiento extraño, embarca en Veracruz. Al México que inventa, donde se descubre Hernán Cortés, no regresaría jamás. En la capital del imperio poco se resuelve a su favor, por un lado es el centro de tertulias con primerísimas personalidades y, por otro, es ignorado por la burocracia de la Corona. Para el que está acostumbrado a la adrenalina de la victoria debieron ser tiempos amargos. Su patrimonio fue enorme, así como sus gastos: padeció al final de liquidez. Acabó rodeado de los más grandes de España, pero con el tiempo y cambio de circunstancias, perdió contacto con sus compañeros de gloria (los verdaderos grandes).

Muy interesante la siguiente opinión del profesor Héctor Campillo Cuautli, mestizo consciente, que en un libro de texto y ejercicios de historia del año 1950, lo que es una excepción en la práctica docente, señala: «injusto fue con Cortés su tiempo. No ha sido más justa la posteridad, que parece complacerse en señalar sus pequeños defectos, en regatearle sus grandes méritos y en desconocer su genio excepcional.

No cabe duda [de] que amó mucho a los indios y que los indios lo amaron a él, y aunque algunos actos suyos fueron reprensibles, ignoran la historia quienes lo juzgan sin atender ideas de su siglo, porque es de saber que muchos de esos actos parecían a europeos e indígenas de entonces la cosa más natural del mundo… Cortés amó mucho a México. Por eso merece nuestro amor, o por lo menos nuestro más profundo respeto y gratitud».

Este breve recuento de aptitudes y legados, luces y sombras de Cortés, no borran sus defectos, pero ¿nos vamos a quedar con la versión obtusa del militar cruel? No insistamos en los defectos de un personaje, mejor descubramos sus virtudes en nosotros.

Cortés, el hombre, nos concierne porque representa lo que puede hacer una persona normal cuando pone la voluntad al servicio de un ideal elevado, aunque ese ideal esté salpicado de objetivos egoístas. Fue un hombre que llegó a conquistador, no un santo. En todo caso, antes de ser estatua de bronce, fue pecador de carne y hueso.

La gente extraordinaria produce admiración y envidia. Ha prevalecido la segunda. A Cortés lo nubla la manipulación irresponsable y cortoplacista. Identifiquémosla.

Como podrán adivinar desde el principio, la mía no es una versión imparcial del personaje. No escondo el ánimo que resalta la virtud, pero lo hago con una idea no centrada en el individuo sino en la individualidad, la del espíritu mestizo, la del mexicano que es posible rescatar y engrandecer a través de la inclusión de una de las partes olvidadas. Lo veremos más adelante.

Solo quisiera mencionar que si bien Cortés muere en España, lo hace como mexicano (uno pertenece más al país donde desarrolla su destino que a la tierra donde nace). Pide en su testamento, a su segundo hijo Martín, heredero del marquesado, que traslade sus restos a México en un plazo no mayor a 10 años después de su deceso. ¿Hay mejor muestra de dónde está su corazón?

Capítulo XI
Causas contradictorias del mexicano

¿Por qué me sucede todo esto? Porque soy mexicano. ¿Y cómo me entero de que soy mexicano? Porque me sucede todo esto.
Carlos Monsiváis

Cuántas veces hemos oído que las características de ser mexicano derivan de que somos un pueblo conquistado. Mentira. Casi todos los pueblos han sido conquistados una y otra vez y en ocasiones esto no solo degrada su carácter, sino que lo fortalece, lo forja. Los mexicanos somos como somos no por conquistados, sino por sometidos sicológicamente. Deviene de un estado frecuente de temor en el que se vivió por centurias, tal vez milenios, entre los pueblos prehispánicos, siempre en espera de la concreción de un fatal destino o el intento por evadirlo.

Imaginemos el terror de la llegada del término en que debían aparecer los recaudadores que colectarían los tributos exigidos, y por las mujeres, hijos o nietos para saciar provisionalmente la sed de sangre del dios del dominador. Esa angustia, continuada en el tiempo, de tanto sentirla y pensarla, modificó nuestros genes, se tornó existencial y se heredó por la sangre, incluso ahora que ya no existen las circunstancias que las originaron.

Era el reino de la superstición. No hay pensamientos fútiles; todos tienen efectos, por eso la importancia de cambiar nuestro raciocinio, extirpar miedos y reprogramar nuestras mentes. Y esto solo lo lograremos los mexicanos identificando las fuentes de nuestros conflictos y enmendándolos.

Es difícil conciliar las sensaciones actuales con lo que realmente ocurrió y lo que representa. Pero esto es solo una de las manifestaciones, en este caso histórica, de las distintas y contradictorias fuentes del temperamento mexicano que han determinado la distorsión y ambigüedad de lo que pensamos. Localicemos más fuentes. Dice Duverger: «¿cómo leer una cultura en la que se yuxtaponen las hogueras de la inquisición y el espíritu libre del renacimiento? ¿Cómo comprender el refinamiento de los aztecas y su pletórico recurso al sacrificio humano?».

Como ninguna otra nación del mundo, somos herederos de lo dual, modelo mental en el que los opuestos conviven en plena identificación hasta que se confunden. Admiramos la congruencia al mismo tiempo que la aborrecemos por sentirla ajena.

Cómo no entender nuestras contradicciones cuando se impone a un pueblo habituado a los sacrificios humanos una religión que apela a lo «civilizado» y sacrifica (crucifica) a su propio dios encarnado, y a una fe, que queriendo humanizar a sus nuevos fieles, coloca como principal representación ¡a un dios sangriento y muerto en una cruz! Una cruz, que para quienes nacimos en un mundo cristianizado constituye un signo religioso, pero para los que no están familiarizados con él, no es más que un objeto de tortura. Se trata de un fetichismo religioso que evoca todo lo que Jesús nunca predicó: sacrificio, muerte y culpabilidad.

Cómo combatir la antropofagia si el cristianismo, aun metafóricamente, se come en su rito supremo, en cada ceremonia, el cuerpo y la sangre de Cristo. Qué proeza sociológica la de los misioneros y qué reto psicológico el de los primeros convertidos. Mamamos confusión. Y no podía ser de otra forma, las mesoamericanas y la europea, eran culturas muy disímiles que en poco coincidían. Vivían etapas cronológicas diversas. En América se cambió de civilización.

No fue un encuentro, fue un choque cultural sin precedentes en la historia de la humanidad. Cuando se enfrentan los dos mundos, los imperios más grandes de cada continente, el europeo de Carlos v y el americano de Moctezuma, ambos estaban aprendiendo a serlo. Sincrónicamente, en 1492, cuando España se empieza a consolidar como nación, es decir, cuando cobra conciencia de sus partes en conjunto, finalmente unida, consumada la Reconquista, rescatada de sus enemigos musulmanes que ya eran también españoles (como mucho de árabes tenían los españoles que los expulsaron), todavía fresco el pegamento que une sus fragmentos, se produce el descubrimiento más importante de la historia de occidente: América, una masa enorme de tierra, rica en recursos y posibilidades.

Gran parte de ese continente es dominado por otro pueblo hegemónico, el azteca, imperio adolescente que apenas ocho décadas atrás consolida su poder en el altiplano mexicano, se apropia del panteón Tolteca, reescribe su historia, mitifica a sus muertos y aristocratiza a su élite... Esos cambios ocurren cuando todo este proceso se interrumpe por el rayo cortesiano-español. Siguen pronto las conquistas del resto de las civilizaciones regadas por el territorio, cada una con particularidades, lo que constituye uno de los procesos de asimilación más complicados que se han dado en el mundo.

Todo pasó muy rápido. En menos de treinta años (de 1492, pasando por la reconquista de España, la expulsión de los árabes, el descubrimiento de América, hasta la Conquista de México en 1521), la raza de la que provienen los conquistadores le da la estocada final a dos civilizaciones igualmente maravillosas, pero fatalmente destinadas a perecer. Las representan Boabdil y Cuauhtémoc, abuelos de los mexicanos, símbolos de la derrota que el pueblo glorifica como deidades sagradas en rito eterno que nubla el otro yo ganador.

El problema radica en que, cinco siglos después, se sigue adorando en el altar colectivo de muertos a una serie de antepasados, casi todos víctimas, todos derrotados y martirizados. Y atrás de ese altar se encuentran unas pocas imágenes cubiertas con un velo; son los personajes victoriosos a quienes no se desea ver. No se les da crédito porque en el fondo los mexicanos creemos que, si lo hacemos, traicionamos a aquellos con los que nos identificamos, como si al cubrirlos desaparecieran de nuestra sangre sus genes. Resulta necesario remover ese velo.

De estos procesos mal fraguados, somos consecuencia los mexicanos de hoy, eso somos y venimos aprendiendo a serlo durante casi 500 años. No importa el porcentaje de sangre indígena o española que tengamos, porque incluso, sin una gota de ambas, como habitantes criados en un hermoso país, absorbemos un bagaje pesado de prejuicios, complejos, limitaciones y contradicciones que nos impiden desarrollarnos como hombres y mujeres enteramente libres de obstáculos intelectuales. A esos obstáculos, «malinchismos» les bautizamos erróneamente. Estamos en proceso de disolución, pero para apurarlo, debemos primero hacerlos conscientes, identificar su fuente, sus síntomas, y atacarlos con el antídoto adecuado: el conocimiento y la aceptación.

Otra de las causas de la existencia de estos obstáculos es que el mestizaje hispanoamericano, en realidad, no lo fue del todo, es decir, para que la mezcla de sangres llegue a emulsionarse de forma convincente debe ser resultado de varias generaciones de enlaces entre las dos razas, las dos culturas. En México, el encuentro es principalmente de primera generación por el modo en que se revisten las conquistas: hombres que toman mujeres indígenas, la mayoría de los casos sin cortejo y con poquísima solemnidad.

Se inicia el mestizaje vía inseminación, casi unilateral, en un solo sentido, hombres españoles con mujeres indígenas por unos años. Después, los encuentros se dan principalmente entre los descendientes de estos, es decir, no existe por varias generaciones mezcla entre españoles y americanos, dado que nunca hay en Nueva España más de 70 mil españoles. El intercambio siempre es con predominio psicológico del español conquistador sobre la india sometida; en pocas ocasiones estas uniones son fruto del amor y tienen que pasar varios lustros hasta que sean resultado de la ceremonia solemne que legitime el encuentro genital y la tenencia de hijos.

Mestizaje mexicano: debieron transcurrir casi 400 años para que el mexicano auténtico se consolidara en la «síntesis» del mestizo.

En estos factores adivinamos la génesis de tanta confusión y la relación estrecha con las inseguridades. En México hemos vivido en constante desciframiento. Sin embargo, si el mestizaje racial es insuficiente, no lo es el cultural y, podemos decirlo, tampoco el espiritual. La cultura dominante se impone en pocos años y, desde entonces, como decía el filósofo Basave, «los mexicanos pensamos en español y sentimos en indio».

Castas novohispanas. «No fue un encuentro, fue un choque cultural sin precedentes en la historia de la humanidad». Las mezclas de indígenas, españoles y, después, de personas de raza negra, forjaron la sociedad más compleja, racialmente, que hubiese conocido hasta entonces el mundo.

Sobre este fenómeno, Jonathan Kandell, analizando lo referente a las distintas mezclas de indígenas, españoles y poco después de personas de raza negra que llegaron para sustituir la debilitada fuerza laboral indígena, asegura que «en el siglo XVII se forja la sociedad más compleja racialmente que hubiera conocido el mundo».

Octavio Paz agrega, sobre ese complicadísimo componente racial, que en aquel siglo XVII se empieza a dibujar con mayor claridad la división y ambivalencia de la sociedad, las cuales explican el comportamiento del mexicano en el que devenimos después: «el poder político y militar era español; el poder económico, criollo, aunque anhelaba los otros. El criollo se sentía leal súbdito de la corona y, al mismo tiempo, no podía disimularse a sí mismo su situación inferior. El criollo era español y no lo era. Eran, como los indios, de aquí y, como los españoles, de allá; amor a la tierra de ultramar y amor al terruño... Se sentía heredero de dos imperios: el español y el indio. Con el mismo fervor contradictorio que exaltaba al imperio hispánico y aborrecía a los españoles, glorificaba el pasado indio y despreciaba a los indios» (sentimientos que perduran en la sociedad actual).

Los mestizos duplicaban la ambigüedad: no eran ni criollos ni indios. Rechazados por ambos grupos, no tenían lugar ni en la estructura social ni en el orden moral, eran la imagen viva de la ilegitimidad. «De ese sentimiento brotaba su inseguridad, su inestabilidad, su ir y venir de un lugar a otro, del valor al pánico, de la exaltación a la apatía, de la lealtad a la traición, Caín y Abel en una misma alma, el resentimiento del mestizo lo llevaba al nihilismo moral y a la abnegación, a burlarse de todo y al fatalismo, al chiste y la melancolía, al lirismo y al estoicismo. En ese entonces su destino eran las profesiones dudosas: de la mendicidad al bandidaje, del vagabundeo a la soldadesca y hasta el siglo XIX los acoge la policía y el ejército. Carrera fulgurante: bandido, policía, soldado, guerrillero, caudillo, líder político, universitario, jefe de Estado. Pero al final, el ascenso de los mestizos se debe no solo a razones de orden demográfico, sino a su capacidad para vivir y sobrevivir

De español e india,
mestiza.

en las circunstancias más adversas: arrojo, fortaleza, habilidad, aguante, ingenio, soltura, industria, inventiva. Además, hay otra razón de orden existencial: entre todos los grupos que componían la Nueva España, los mestizos eran los únicos que realmente encarnaban aquella sociedad, sus verdaderos hijos. No eran, como los criollos, unos europeos que deseaban arraigarse en una tierra nueva; tampoco, como los indios, una realidad dada, confundida con el paisaje y el pasado prehispánico. Era la verdadera novedad de la Nueva España».

Los mestizos encarnaban aquello que hacía no solo una sociedad nueva sino otra. (Por eso el éxito psicológico de Guadalupe: la Virgen fue el único símbolo que acabó otorgando unidad. Señala Octavio Paz: «fue la respuesta a la triple orfandad: la de los indios porque Guadalupe/Tonantzin es la transfiguración de sus antiguas divinidades femeninas; la de los criollos porque la aparición de la Virgen convirtió a Nueva España en una madre más real que la de España; la de los mestizos porque la Virgen fue y es la reconciliación con su origen y el fin de su ilegitimidad»). Si bien lo anterior explica las causas que contradicen, por otro lado señala el camino en que el mexicano auténtico se consolida.

En el ámbito de lo cotidiano, también producto de la circunstancia histórica y sus repercusiones, se hace mención de otro factor que determina la conducta diaria colectiva: el hábito de desestimar las reglas. Durante 300 años de virreinato, con la máxima autoridad en España, a diez mil kilómetros y meses de distancia, con comunicaciones complicadas e inseguras, la información iba y llegaba tarde. Cuando una orden arribaba finalmente, el destinatario «valoraba» sobre si aplicarla o no, *ad criterium*, lo que a menudo significaba que, «por el bien de todos», la instrucción no se implementaba. Es entonces cuando se origina el «obedézcase pero no se cumpla», habituando a la autoridad mexicana, pero también al ciudadano gobernado, a que la norma, la instrucción, lo prohibido, no necesariamente había de ser respetado. Se creó, así, una ambigüedad tal, en la noción de obligatoriedad, que hasta nuestros días el respeto a la ley, es la excepción que desautoriza la regla.

Pintura de castas con Nuestra Señora de Guadalupe y naturaleza muerta, Luis Mena, 1750. Museo de América, España. En la sangre del mexicano coexisten varios mundos. «Tan compleja fue la mezcla racial que la Virgen fue el único símbolo que acabó uniéndolos», señala Octavio Paz.

Los mexicanos nos movemos al margen, más en el sistema creado por nosotros que en las normas que deben contenernos. Porque el problema no está en el precepto, sino en la noción de cumplimiento y en la falta de sanción por no hacerlo. Conocemos a la autoridad como institución, pero no la *re*-conocemos como ente moral. Desconcertante y surreal para el que ignora nuestras formas, apenas comprensible para el que vive en nuestra idiosincrasia.

Si alguien quiere realmente comprender al mexicano, que no indague en su historia o valores. Que lo haga en las paradojas de su cultura, en lo que siempre está en conflicto con la realidad o debajo de esta. Es exactamente en los puntos que los mexicanos no explicamos, donde mejor nos podrán entender. Yendo a nuestras contradicciones, que son realmente características, es donde finalmente se nos explica. Somos el único pueblo del mundo cuyos dulces tienen más sal y chile que cualquier otro ingrediente.

Regresemos a nuestro tema central, veamos cuáles fueron las causas históricas y políticas de ese desconocimiento al personaje que tantas consecuencias tiene en el carácter nacional de México.

Capítulo XII
Viacrucis de la figura cortesiana, causas de su desprestigio

Muy alejada de la concepción actual, es fuerte la imagen de Cortés en la opinión popular desde la Conquista hasta unas décadas antes del fin del Virreinato. Se reconoce en él al conquistador severo, pero justo vigía de los derechos de los naturales de la Nueva España. Representa un dique entre quienes pretenden explotar sin medida y la población desprotegida del país. Su principal poder proviene de su personalidad, con la que consigue gran parte de lo que busca, pero también por las instituciones que funda y la fortuna que amasa. Es el personaje más importante e influyente del continente en su época.

Equivocado está quien piensa que por haber tenido Cortés que destruir mucho de la gran Tenochtitlán y conquistado una vasta región, era odiado por los vencidos. No fue así. Se ganó el apoyo, primero, de los enemigos de los mexicas y después de sus aliados, pero también su respeto, y cabe decir, su aprecio. Un escrito al emperador Felipe II de los miembros de la alcaldía de Huexotzinco de 1560, mencionado en Visión de los Vencidos de Miguel León-Portilla, ilustra cómo, al quejarse del fiscal Maldonado y sus excesos en la demanda de tributos, «don Hernando Cortés, capitán general, en todo tiempo que aquí vivió con nosotros, siempre nos mostró amor, nunca nos perturbó, nos agitó. Aun cuando le dábamos tributo, siempre lo pidió con moderación». (Aunque también hubo quejas y juicios contra él por exceso de cobro de tributos en sus encomiendas de Cuernavaca).

Y lo que pasa es que la sociedad mesoamericana, a la llegada de los españoles, vivía en un estado de guerra continua, iniciado siglos antes desde la decadencia de Teotihuacán, alrededor del siglo VIII. La derrota militar y la servidumbre que sucedió a la Conquista no fueron novedades para los indios (lo que sí resultó descomunal fue la destrucción de su civilización tal como ellos la concebían). Sin embargo, apenas concluidas las batallas, Cortés emite ordenanzas para garantizar la dignidad del conquistado y de inmediato se avoca a su conversión espiritual, lo que considera urgente. Lo era. En general se ignora, pero el grueso de la población original de todo el territorio, mejora su nivel de vida y eleva su condición humana. Antes de la Conquista el pueblo no contaba. La clase sacerdotal y la élite gobernante era una aristocracia privilegiada, opresora y apartada del resto. La gente cambió de amo.

Instituciones como la Encomienda, en la que se repartían indios a un patrón, ya fuese un noble indígena o un español, iban aparejadas de reglas que cumplir y limitantes para evitar maltratos, como la prohibición de emplear a menores de 12 años, establecer horarios, pagos y las correspondientes multas a las infracciones de lo anterior. «Es la vertiente de jurista de Cortés», señala Miralles, la que vendría a ser la primera legislación laboral de México. Don Hernando apunta, en sus Cartas de Relación, que, para espantar a los trabajadores se les dice que si no sirven bien, serán devueltos a sus antiguos señores «y esto temen más que otra ninguna amenaza ni castigo que se les pueda hacer».

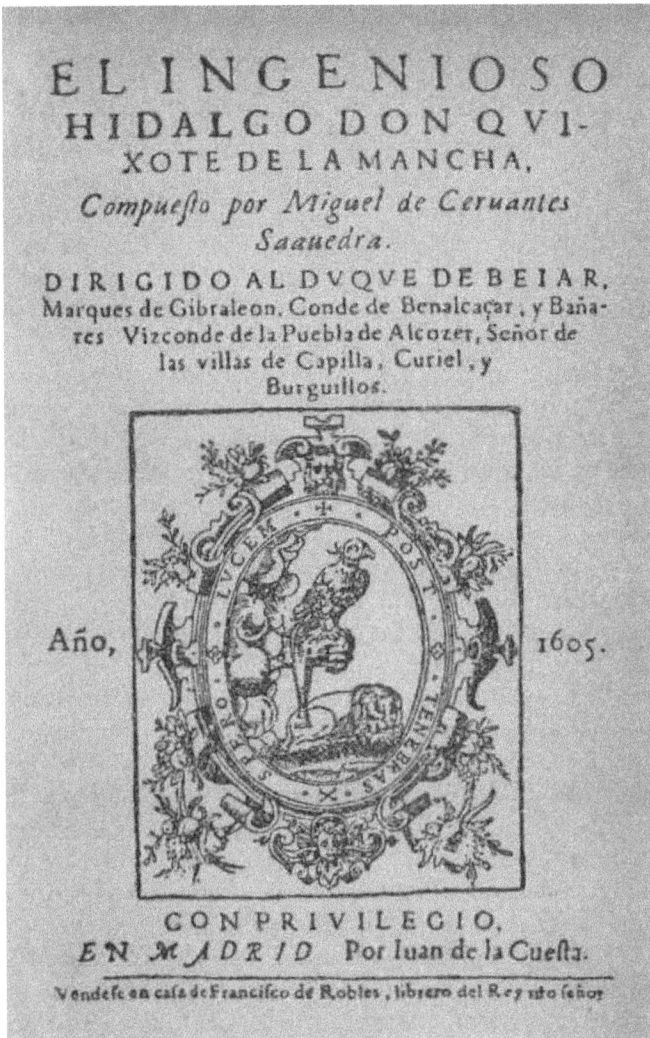

EL INGENIOSO
HIDALGO DON QVI-
XOTE DE LA MANCHA,

Compuesto por Miguel de Ceruantes
Saauedra.

DIRIGIDO AL DVQVE DE BEIAR,
Marques de Gibraleon, Conde de Benalcaçar, y Baña-
res Vizconde de la Puebla de Alcozer, Señor de
las villas de Capilla, Curiel, y
Burguillos.

Año,   1605.

CON PRIVILEGIO,
EN MADRID Por Iuan de la Cuesta.

Vendese en casa de Francisco de Robles, librero del Rey nro señor

«Cortesísimo Cortés», le llamó Cervantes al conquistador
en su famoso libro. Fue el personaje más importante e
influyente de su época en América y recibió distinciones
especiales del emperador Carlos V.

Por siglos el conquistador es inspiración de poemas, canciones, libros, obras de teatro, tratados psicológicos (Víctor Frankl) y demás creaciones. Lope de Vega le dedica varios versos y el gran Miguel de Cervantes lo llama «cortesísimo Cortés» en el libro más famoso del mundo, El Ingenioso Hidalgo, Don Quijote de la Mancha.

En su primer regreso a España, en 1528, Cortés cae enfermo de muerte, rodeado de los grandes del reino. El emperador Carlos v acude a verlo como una rarísima distinción. Se recupera. Varios años adelante es invitado distinguido a la boda de Felipe II, heredero del imperio.

Su prestigio rebasa fronteras. En vida, su presencia disuade o soluciona conflictos, como su invocación ya muerto, identifica importantes y variadas posiciones. Esta visión poderosa de la imagen cortesiana que permanece durante casi 300 años es utilizada por unos y otros como icono de poder y máximo referente de éxito, y manipulada según las intenciones de quien pretende aprovecharla. (Escuché decir alguna vez a Jacobo Siruela que, cuando la imagen se convierte en mito, afecta la emocionalidad. Eso es lo que pasó desde muy pronto con la de Cortés).

Pocos años después de su muerte, sus herederos son ya instrumentos de los encomenderos y descendientes de los otros conquistadores, quienes maniobran para lograr sus objetivos económicos o políticos. Las circunstancias no les son favorables, ni mucho menos los métodos altaneros de Martín, segundo Marqués del Valle, quien apenas salva la vida cuando lo enjuician por conspirador. Muchos ven en su padre el origen de la soberbia del hijo, con lo que la imagen del conquistador se ve dañada retroactivamente. Sumado a lo anterior, y lo que representa la cuestión que más dañó su figura, fue el comportamiento de infinidad de autoridades de las audiencias y posteriores gobiernos virreinales, que sin tener ninguno de los méritos de los conquistadores, se atribuyeron facultades excesivas en relación con los cobros de tributos y se sobrepasaron en sus malos tratos con la población en general. El desprestigio posterior no recae en las minúsculas personalidades que

La «leyenda negra» es, en pocas palabras, una interpretación negativa de lo que el Imperio español practicó y estableció en sus territorios de ultramar, según sus enemigos, principalmente Gran Bretaña, Francia y Holanda. En el México independiente, víctima y victimario, inconsciente de su circunstancia, se propagó esta versión por la autoridad y por los propios maestros de la educación oficial.

cometieron los excesos, sino en la más importante y llamativa persona de Cortés, que abarca todo el hecho histórico de la Conquista y sus posteriores consecuencias.

El símbolo Cortés se vuelve peligroso por el poder y representación que emana de él. Lo lamentable es que todavía a finales del siglo XVI, como hace ver Iván Vélez, no se tiene la idea de dos bloques antagónicos: el español y el indígena. Lo que está en juego son los intereses de grupos compuestos por gentes de ambos lados del Atlántico, quienes, para favorecer sus intereses, empiezan a utilizar el nombre de Cortés, identificándolo ya sea con una posición o con otra, según conviniera. Ello resultó en el deterioro de la imagen del conquistador y el inicio, lamentable y meramente político, de dos corrientes contrarias, una pro indígena y otra no tanto.

Hasta el siglo XVII, tanto en el virreinato como en la península, su condición de héroe es indiscutible, pero ya desde el XVI comienza la «leyenda negra» contra España, que no es más que un juicio negativo de lo que el Imperio realiza, principalmente en sus colonias según sus antagonistas. Tal leyenda crea una conciencia falsa en la opinión popular europea. En el siglo XVIII esta corriente es impulsada aún más por la corriente ilustrada, que se ensaña con España y quien la represente, por lo que el prestigio internacional del conquistador se ve ligado al del poder del Imperio español, que decae, en definitiva, entrado el XIX.

En el territorio mexicano, la verdadera causa del cambio de actitud hacia la memoria de Cortés se basó en el uso irracional de su figura por parte de las facciones antagónicas del México que surgirá al desprenderse del Imperio español, atizado por naciones antaño enemigas de España (principalmente Inglaterra, Francia y Holanda). El Imperio español pasará de símbolo de la grandeza imperial a figura principal de la destrucción de la civilización azteca, que se empecinan en sostener.

Quienes son conscientes de esto y ante la imposibilidad de apoderarse de algo intangible, deciden entonces desmantelar poco a poco la imagen casi mítica y condenarla al olvido. Se prefiere borrar el pasado a lidiar con el presente. Se evitan las celebraciones del natalicio o la muerte de Cortés, de sus hechos gloriosos y fundacionales; todo lo que recuerde sus acciones. No prevén las consecuencias históricas de la medida. Como veremos, la condena nos afecta a todos.

Al mismo tiempo, durante el Virreinato se intenta borrar el pasado prehispánico, no se le da ningún valor con la finalidad de imponer la cultura y religión del vencedor. Se entierran los vestigios monumentales usándolos como basamento para el templo al dios europeo. Es decir, se pretendía olvidar la imagen hispana más poderosa y dejar de lado toda la prehispánica. ¿Con qué quedarse entonces?

Pocos entienden la importancia de reconocer la existencia de «lo otro». En 1790 el Conde de Revillagigedo, influenciado por la Ilustración francesa, la cual ayuda a mentes e ideas a cobrar consciencia de la universalidad, ordena, por primera vez en casi tres siglos, que se exhiba en lugar público la Coatlicue[27] y la Piedra del Sol[28] cuando se descubren. Al mismo tiempo, manda erigir un mausoleo para honrar a Hernán Cortés, cuyos restos han peregrinado en varias tumbas y están ocultos por siglos. La voluntad del clarividente virrey es comprensible: instaurar un nuevo simbolismo, el de un país mestizo, original, que ya no sea réplica ni satélite de España. Para ello respeta y exhibe lo prehispánico y rescata la figura más fuerte de la Conquista.

En aquella época se erigen dos nuevos símbolos nacionales en el ánimo de las autoridades mexicanas: Cortés y la Virgen de Guadalupe, pero eso despierta la alarma de la Corona porque favorece al espíritu de la independencia mexicana.

No obstante el rescate tímido del símbolo, queda, en la lectura de la historia patria de aquella época, la interpretación ambigua y temerosa de lo que sucede en la Conquista –la leyenda negra– sin encontrar hasta nuestros días la conciliación en una versión que sintetice la realidad. Desde esos tiempos, se sataniza la actuación de los conquistadores y de España, y se continúa «indigenizando» la historia nacional mexicana con una retórica forzada. No se reconoce, voluntariamente ni en consenso, el valor del componente hispano como un elemento de identidad mexicana, que es lo lógico, como equivocado era prescindir del elemento indígena en el Virreinato para aceptar, en toda su extensión mental, la realidad del mestizaje.

---

[27] La piedra de la Coatlicue es una roca tallada que representa a tal diosa, pero sin pies y decapitada. Se descubrió en 1790 cerca del actual palacio nacional, en Ciudad de México. En su tiempo, se convirtió en símbolo del legado prehispánico que encendió los ánimos independentistas.

[28] Piedra del Sol es otro nombre con el que se conoce al calendario azteca: una roca circular en el que se grabaron los movimientos de los astros y el paso de ciclos conformados por meses de veinte días de duración.

Juan Vicente de Güemes Padilla Horcasitas y Aguayo, segundo conde de Revillagigedo. En 1790, el virrey novohispano intenta concientizar a la gente de la importancia del símbolo cortesiano. Al mismo tiempo, recupera y exhibe públicamente el pasado indígena, dando muestras de la universalidad de sus ideas. Pocas mentes lo entendieron.

La fuerza de la figura de Cortés es tal que, a la vez que símbolo de la hispanidad, es también símbolo de la rebelión contra España. Es decir, al mismo tiempo, símbolo de dos figuras antitéticas.

Las circunstancias históricas obligan al pueblo mexicano a independizarse en su infancia nacional. Es apenas un niño imberbe cuando decide emanciparse de su tutor, quien tiene muchos defectos: burocracia, autoritarismo, corrupción, excesivos impuestos, inequidad social, etc. No obstante, con todas sus fallas, suple las deficiencias de las que adolece todo crío y lo protege de los muchachos fuertes y abusivos del vecindario.

Ajenos a España, y después de la caída de Iturbide[29] en 1823, se acrecienta el sentimiento de rechazo hacia esta, fomentado por escritores que encuentran audiencia en el resentimiento de muchos pobladores. Los ataques e invectivas se centran en la figura fuerte de Cortés, ahora como el primer opresor. La infamia empieza a operar. De un proceso doloroso pero necesario de emancipación nacional, a uno de desconocimiento de mucho de lo que somos, hay un abismo esquizofrénico que atender. (En resumen –y puede ser tomado como consejo político-sociológico, si se pretende ser una figura fuerte, de gran personalidad, tener infinidad de logros, fundar instituciones o hasta un nuevo país, póngase un nombre que con el tiempo se desvanezca, porque en el futuro será utilizado por los que serán sus peores enemigos).

En fin, a Cortés, por su multiplicidad de caracteres, desde entonces se le mantiene en la ambigüedad emocional, en espera de mejores circunstancias para rescatarlo cuando sea útil.

Ya independientes, pero muy dependientes de nuestra incompetencia, los mexicanos tuvimos una pubertad decimonónica terrible. Imposible apaciguar nuestro temperamento cambiante en constante búsqueda de lo que no podemos encontrar, porque no existe afuera el modelo político que necesitamos dentro. No logramos conciliar nuestro «hormonismo» histórico con nuestras necesidades reales. Mudábamos de dientes, por tal carencia no pudimos masticar los retos que se imponían.

En esa época de confusión asumimos, en la figura de Cortés, la de todas las naciones que contribuyeron a nuestra ruina sin distinguir objetivamente nunca más las cualidades que aportó el conquistador como primer personaje nacional, es decir, se le identifica desde entonces como símbolo del daño extranjero en el país, en vez de herramienta indispensable para su defensa.

---

[29] Agustín de Iturbide fue un político y militar mexicano que combatió a los insurrectos durante la lucha de independencia, pero después sus movimientos políticos fueron los que, precisamente, permitieron consolidar la independencia.

Como si no fueran suficientes nuestros propios demonios, coincide en el tiempo que mientras los mexicanos no sabemos quiénes somos, otros están interesados en que no lo sepamos. Mientras menos te conozcas, más te pueden hacer (y quitar). Nuestro poderoso vecino del norte, Estados Unidos, a unas cuantas décadas de su independencia pero con ímpetu de joven expansionista, a través de sus doctrinas del destino manifiesto, se interesa en borrar, o por lo menos en debilitar, todo lo español de América y con ello sus figuras sobresalientes. Estados Unidos pretende quitarle a México lo que fortalece a su pueblo, lo que lo identifica, su referente histórico más sólido.

Dice Vasconcelos: «el más grave daño moral que nos han hecho los imperialistas nuevos es el habernos habituado a ver en Cortés un extraño, ¡a pesar de que Cortés es nuestro, en grado mayor de lo que puede serlo Cuauhtémoc! La figura del Conquistador cubre la patria desde Sonora a Yucatán y más allá de los territorios perdidos por nosotros, ganados por Cortés. En cambio Cuauhtémoc es, a lo sumo, el antepasado de los Otomíes de la meseta del Anáhuac, sin ninguna relación con el resto del país».

Y vaya que tienen éxito nuestros vecinos. En nuestro atolondramiento neoindependiente, confundidos, rechazamos toda huella de lo español sin saber que, haciéndolo, prescindimos de una magnífica herencia y sustancia que tenemos. La Independencia de México (1821), que hoy es nuestra máxima celebración, fue decaimiento en todos los sentidos. Caímos en la trampa. Años después perdemos la mayoría del territorio que Cortés nos lega (1848). Este despojo era el sueño y meta de uno de los más grandes enemigos de la nación: Joel Poinsett, espía y luego primer embajador de Estados Unidos en México. Los planes de ese personaje fueron debilitar a los mexicanos psicológicamente, dejarlos vulnerables, para servirse posteriormente de sus recursos. Mediante grandes intrigas, los norteamericanos se quedarían con gran parte del territorio mexicano, como consecuencia de lo anterior, y en suma –la providencia se ensaña con sus mejores

En color oscuro, territorio arrebatado a México por los Estados Unidos de América en 1848. Inmerso en problemas políticos, negando su pasado hispano y sobrellevando una crisis de identidad, México pierde la mitad de su territorio, afectado por argucias extranjeras e incompetencias internas.

hijos– consumamos el sacrificio de nuestro más grande y útil símbolo histórico: el Conquistador, ¡un parricidio! Hoy todavía padecemos las consecuencias de la orfandad.

Porque cuando careces de padre por muerte, ausencia o desconocimiento, o de referente de origen, pierdes fuerza, te vuelves vulnerable, la inseguridad irrumpe, y empiezas a relacionarte con el ausente con subjetividad, proyectando tus deseos, odios y temores.

En ciertas ocasiones, sobre todo cuando se está en peligro y existe confusión, hay que perder de vista al personaje histórico para no cargar con sus cualidades cuestionables o con su mitología hechiza, y debemos acudir al símbolo, porque este ya está decantado y como tal solo puede obrar de manera positiva en el pueblo que lo necesita. En aquella situación que sufrimos como nunca nuestra ausencia de paternidad, la carencia de símbolos reales y la falta de referentes de identificación, fuimos presa fácil de quien contribuyó en gran medida a dejarnos precisamente en esa condición. Qué útil hubiera sido lo contrario, porque un pueblo unido entorno a un símbolo, o tan siquiera a un puñado de cuestiones con que identificarse, no evidencia tan torpemente su vulnerabilidad como lo hizo aquel niño-país que, como resultado, vio reducido a menos de la mitad lo que era su inmenso territorio.

Como los mexicanos nos sentimos huérfanos sin saberlo (y sin serlo), buscamos desde entonces en cualquier presencia el padre que no reconocemos, ya sea un personaje histórico mediocre, un país ajeno que admirar y copiar, una corriente cultural que imitar o una potencia que nos explote. (La desesperada búsqueda de autoridad paterna llegó al paroxismo con la traída de un emperador extranjero con corte local incluida)[30].

El fondo del asunto es más grave. No nos conformamos con el plano político ni histórico, lo convertimos retroactivamente en fenómeno antropológico-psicológico. Cargamos una culpa kármica que ni siquiera identificamos. Se hace necesaria una constelación nacional al estilo Hellinger[31] para desvanecer nuestros errores y comenzar a pensar y sentir libremente como mexicanos.

---

[30] Maximiliano de Habsburgo fue un príncipe europeo que fungió como emperador de México de 1864 a 1867.

[31] Bert Hellinger: psicoterapeuta alemán que ideó el método terapéutico de las «constelaciones familiares», basadas en la dramatización espontánea como procedimiento curativo.

Don Porfirio Díaz, dictador de México por más de treinta años, hasta 1911. Después de la Revolución Mexicana, con el objetivo de compensar los olvidos del «porfiriato», se fortalecieron las ideologías indigenistas sin reconocer que fue Cortés el primero en emitir ordenanzas legales para la protección de los pueblos nativos.

Para colmo, las circunstancias políticas de comienzos del siglo xx, tratando de atender los olvidos del Porfiriato[32] y como bagaje social de la Revolución, intenta compensar a los desfavorecidos de las décadas anteriores fortaleciendo las ideologías indigenistas que atesoran los valores de «los pueblos ancestrales», apoyados por iglesias extranjeras. Ello se realiza sin señalar nunca que fue Cortés quien primero emitió ordenanzas legales para su protección y defendió con pasión y sinceridad las virtudes de esos pueblos y que, no obstante las contradicciones que la constituyen, la Conquista es

---

[32] Se conoce como porfiriato al periodo político de 1876 y 1911 suscitado en México con base en el control militar y la apertura al capital y la cultura extranjeras, a gusto del presidente Porfirio Díaz.

el hecho histórico que crea, por primera vez en el territorio mexicano, una unidad congruente de toda la pluralidad cultural que existía.

Así es como la figura de Cortés se torna molesta. Es el primero en el que, como mexicanos, proyectamos nuestras contradicciones. Es el primer chingón y el primer hijo de la chingada[33]. En él prolongamos el sacrificio humano aun cuando ya no hay un dios que lo exija, pero, en realidad, lo consumamos de manera continuada en nosotros mismos.

Acostumbrados a héroes que no lo son, construidos en papel y a quienes se atribuyen virtudes y hazañas inexistentes, nos incomoda de repente identificarlas en uno que sí existió. Desconfiamos del éxito, del hacedor de hazañas, del cimentador. Nos sentimos más a gusto en la leyenda, en lo irreal; lo que sea mientras no sea verdad. Mitos, sí; logos, no.

Si la ficción es mejor que la realidad, ¡adelante!, tomemos como referente lo inventado. Si las verdades de un país no alcanzan o avergüenzan, ahí están los mitos, pero no deja esto de ser congruente con nuestra incongruencia, máxime si existen referentes reales que sí podríamos considerar ejemplo. En tal caso, el mito no resulta más que la forma elegante de contar mentiras. Acostumbremos a los niños a la falsedad velada, a la simulación, y negarán la simple verdad.

Hasta nuestros días, historiadores, gobernantes, pero sobre todo muchos maestros, responsables de sostener la leyenda negra, no han sabido recuperar lo que perdimos entonces ni valorar serenamente lo acontecido. Ni siquiera se han animado a exigir que los «héroes» tengan el nivel moral mínimo de la civilización o por lo menos distingan lo que conviene al pueblo y lo que le daña.

---

[33] El término *chingón* se usa como adjetivo para calificar, en el español mexicano, a quien es muy bueno haciendo algo. Como sustantivo, se refiere a la persona naturalmente eficiente, capaz, y cuya esencia y comportamiento son intrépidos. Por su parte, *hijo de la chingada* se usa como insulto para alguien que es abusivo, ruin, cabrón. Ambos derivan del verbo *chingar*, cuyo origen se cree gitano.

Es claro, desde un riguroso análisis histórico es imposible sostener la versión del «Hernán Cortés, maldición de México». Todo lo contrario, si se mantiene viva la condena es, como se vio anteriormente, porque se alimenta de otras fuentes políticas y psicológicas (en suma, ideológicas), que no son otra cosa que un mito. Sí, un mito, es decir, entramos en el campo de lo filosófico para poder explicarlo. Y mito es, dice Vélez, «un relato representativo que no tiene evidencia inmediata, que supone una reelaboración de las evidencias inmediatas y que, por tanto, se distancia de ellas».

En palabras sencillas, la imagen de Hernán Cortés que tenemos en el imaginario popular es equivocada porque ha sido manipulada durante siglos con fines políticos por distintos grupos y personas que alejaron la verdad histórica de la realidad porque así convino a sus intereses. La persona del conquistador no ha sido reinterpretada correctamente, también por razones políticas, sin tomar en cuenta las consecuencias históricas y psicológicas en la población. Por tanto, considerando la definición de mito, se vuelve necesario retomar las evidencias, en este caso remotas, para poder acercar la verdadera interpretación del personaje que se quiere y debe recuperarse.

La malicia de una sola persona es a menudo suficiente para reforzar una opinión distorsionada y crear un mito. Se suma a ello el resentimiento de millones de personas, resultado de decenas de versiones alejadas de la verdad y repetidas como si lo fueran, y tendremos «el mito». Ardua tarea será, entonces, la «desmitificación».

Para finalizar, cabe disolver las faltas del pueblo mexicano ubicándolas en el contexto internacional. México no tiene la exclusividad en este tipo de prácticas. Toda gran figura es manipulada en cualquier país. Así ha pasado con Cromwell en Inglaterra: sus biografías lo han hecho pasar de héroe a «criminal». Así utilizó la maquinaria comunista mundial la imagen de Carlos Marx: de uno de los mejores ideólogos que ha dado la historia pasó a ser inspirador de uno de los experimentos políticos más gravemente fallidos. Lo mismo le puede suceder al enorme y casi impecable legado de Gandhi en la India, o le ocurre hoy a la figura histórica más importante de Sudamérica, la de Simón Bolívar, secuestrada por un grupo de oportunistas sin sustancia que aprovechan el prestigio del personaje para identificarlo con su ideología carente de asidero intelectual. Muy pronto, cuando caigan, todo lo «bolivariano» quedará apestado por la suprema incompetencia de sus manipuladores, y solo el paso del tiempo desinfectará el mal uso que se hizo de su figura. Habrá que despojar al hombre de la ideologización deformadora y recuperar al personaje real. Así está plagada de ejemplos la historia universal y el juego de sus actores.

Capítulo XIII
Desconocimiento público
Consecuencias[34]

Si la utilización de los personajes históricos, convertidos en símbolos es, como vimos anteriormente, de uso internacional, resulta pertinente establecer aquí un paralelismo entre las trayectorias de dos de ellos, quienes poseen muchas semejanzas, pero opuestos destinos según la suerte que decidimos dar sus legatarios.

Todos sabemos quién fue Napoleón Bonaparte. La cantidad de aportaciones que deja a Francia la posiciona como la primera potencia mundial de su época y marca la culminación de la gloria y esplendor. En proporción (aquí va un atrevimiento), el legado de Napoleón es mínimo comparado al de Cortés en México. Pero en el país europeo, no obstante la reacción adversa de sus enemigos por tanta ofensiva napoleónica, sus conciudadanos le reconocen los triunfos militares,

---

[34] Nota: tanto en este como en el resto de capítulos, se conserva el estilo original que usó el autor, quien apela y se dirige al pueblo mexicano.

las reformas legales, el urbanismo de la ciudad más grandiosa del mundo, los museos más completos y redituables de Europa, entre muchos otros logros.

Los franceses le reservan el mausoleo más impresionante del continente y el féretro del tamaño del ego del personaje, pero también de sus acciones. ¿Y cuál es la señal que mandan a los ciudadanos de su país y del mundo? No importa donde haya nacido, Napoleón es francés por derecho propio, por su legado y por el orgullo que emana del maestro que cuenta su historia. Lo juzgan como a las montañas: de lejos se vislumbra su forma grande, a distancia se desvanecen sus pequeñeces. Se le honra por lo bueno sin olvidar lo malo, y no al contrario. Y Francia ya era Francia cuando el corso llegó. No unificó a los franceses, ni les dio lengua o religión, ya eran nación.

Los mexicanos, en cambio, tenemos recluido al principal constructor del país en una pequeña urna de una

Tumba de Napoleón en el Palacio Nacional de los Inválidos, París.

descuidada iglesia, de un olvidado hospital. ¿Cómo les explicamos a nuestros estudiantes y a los visitantes extranjeros nuestro proceder?

Si no se siente a Cortés propio, porque no nació en México, conviene proseguir con el símil napoleónico. Bonaparte no nació en Francia, sino en Ajaccio, Córcega, isla del Mediterráneo, bajo dominio francés en esos años. Despectivamente lo tildaban de extranjero, de isleño. No tenía un apellido francés ni cultura francesa; más bien, italiana. Sin embargo, los franceses, inteligentemente, sin importarles su origen, se lo apropiaron en su totalidad. Será por siempre francés, y además será el principal símbolo de grandeza y referente de victoria.

Urna en la capilla del Hospital de Jesús, donde están depositados los restos de Hernán Cortés. Opuestos destinos les otorgan los pueblos de Francia y México a los constructores de su gloria nacional. En el país europeo, se construyó la tumba más impresionante. En México, «tenemos recluido al principal constructor de nuestra nacionalidad, en una pequeña urna, de una descuidada iglesia, de un olvidado hospital…».

El gobernante extranjero, que pone desde entonces un ojo en Francia, nunca más se olvidará de que en todo pequeño ciudadano criado en esa nación puede encarnarse un Napoleón. Sin embargo, los mexicanos...

¿Por qué inculcamos devoción a otros héroes, casi todos falsificados, si tienen los defectos de Cortés pero carecen de sus cualidades? Respuesta: porque de todos nuestros miedos sociales en México, el más fuerte es el miedo al éxito, y nublamos el éxito a quien lo logra. La falta de aceptación y reconocimiento de la paternidad verdadera, es la fuente principal de varios complejos colectivos. Nuestra cultura no castiga los pecados de omisión, pero sí juzga severamente los resultados de la acción. Por eso somos irrespetuosos con nuestras propias prohibiciones. Es el reino de lo absurdo, de lo surrealista. Nuestra historia es un recuento de acciones tergiversadas que inventamos y luego terminamos creyéndonos.

El grito de «independencia» política, a cargo de un cura, ocupa el primer lugar del catálogo de contradicciones. Durante ese hecho histórico, no se menciona la palabra «México» o «independencia», pero sí el nombre del monarca español de turno, Fernando VII, en el peor momento de su deplorable reinado. (Esta tradición, más allá de sus anomalías originales, constituye una celebración genuina, digna de preservar).

Para ser considerado en la historia de México, requisito indispensable es ser víctima, derrotado, sacrificado, débil o martirizado. El culto al fracaso. Por eso siguen llegando al poder gobernantes con esas características. El que no alcanzó, el que se quedó a mitad del camino, el que perdió o murió, no importa si la mediocridad fue una de sus características principales, pero cumple con el requisito de haber logrado muy poco, en tal caso tiene asegurado un lugar en la crónica nacional. En cambio al victorioso, al que llegó, al que se empeñó en alcanzar el objetivo y lo concretó, si destacó, encuéntrese un conjunto de defectos que magnificar para excluirlo de la gloria. Por favor, nada que represente un esfuerzo con resultados. Que no figure, que desaparezca, procuremos su inexistencia. Que no manche nuestra narrativa de la nada: un nihilismo estúpidamente histórico.

¿Quiénes han sido beneficiarios de tal estado de mentalidad colectiva? Respuesta: quienes se dieron cuenta a tiempo, en el exterior, de las deficiencias mexicanas y las aprovecharon para explotarnos y quitarnos soberanía. La culpa es nuestra. Adentro del país, se han beneficiado quienes han mantenido y solapado ese estado de cosas y obtenido ventajas ignominiosas. Responsables somos todos los ciudadanos que no hemos hecho nada por cambiarlo.

Identificado por lo menos en un sentido el problema, cabría comenzar a corregir lo que entra por los ojos: lo público. El día en que podamos colocar y respetar un monumento al principal impulsor de nuestra nacionalidad, encontraremos nuestra otredad, lo que nos falta. Nos sentiremos mejor. Será tarde, pero un error resarcido es un acierto doblemente satisfactorio. Habremos revocado la pena de desmemoria y limitación a la que nos sentenciamos como pueblo, y liberado la responsabilidad que cargamos por haber olvidado, en los rincones más oscuros, durante 500 años, los restos de nuestro principal benefactor. ¿Cómo tenernos y exigirnos respeto si no remediamos nuestras faltas? Conocernos tiene sus ventajas, preguntémosle a Sócrates. Reconocer a los otros es mejor. Reconocer a los grandes en nosotros, nos engrandece. Ser es «reconoSER»[35].

Lo que urge con esta aceptación no es el rescate de Cortés. Él es solo la figura que escogimos como blanco y el pretexto de nuestras inseguridades. El objetivo es recuperar nuestro Yo emprendedor, seguro de sí mismo, exigente, talentoso y auténtico, en contraposición a nuestro Yo resignado.

¿Hemos visto en las glorietas del Paseo de la Reforma, en la emblemática avenida, la más visitada, algún monumento

---

[35] Reconocer es un palíndromo (que se lee igual en ambos sentidos) precioso. Es la única palabra del castellano que brinda una segunda oportunidad al necio. Si no entiende en el sentido que siempre ve las cosas, se confirma el significado e intención original, aunque lo vea al revés.

a alguien que no sea mártir, víctima, asesino o derrotado? Preferimos poner un ser alado... Desde luego, no debemos perder de vista nuestro pasado prehispánico, resaltar sus virtudes y reconocer a quienes lucharon por ellas. Tales cuestiones están salvadas y, si no lo estuvieran, serían materia de este análisis. Si al desconocer nuestro pasado hispano, reconociéramos con sinceridad la parte indígena, seríamos por lo menos cincuenta por ciento congruentes, pero no sucede así. Lo vanagloriamos de dientes para afuera, lo consideramos políticamente correcto, aunque en el fondo se descubre un desdén también por ese lado.

Avenida Paseo de la Reforma, a principios del siglo xx. A lo largo de su amplio recorrido se observan cientos de estatuas de héroes patrios y monumentos de personajes históricos nacionales y extranjeros, pero ninguna encumbra a Hernán Cortés.

Eso sí, le reservamos a Cristóbal Colón, descubridor fortuito de América, un espacio privilegiado en esa misma avenida, el corredor de nuestros desaciertos y olvidos. Consideramos a quien fue hábil beneficiario de información de otros, a quien no tuvo la certeza de hacia dónde iba ni nunca supo bien adónde llegó, pero sí exigió como si lo hubiera sabido siempre. En lo personal, Colón aportó poco, aunque con audacia y codicia; redujo a la esclavitud a los indios del Caribe y no le interesó nunca formar o reformar una nación. Nosotros, los mexicanos, nombramos en su honor calles, colegios, avenidas, glorietas y plazas (lo de Colombia fueron los sudamericanos).

Hernán Cortés es nuestro. Él buscó y encontró la civilización más fuerte que había en América; la conquistó con la certeza y trascendencia de lo que estaba haciendo, aportó y transformó y no se conoce un solo lugar de importancia que lleve su nombre. El Mar de Cortés es el único honor que se nos olvidó disputarle. «Cortesia» bien podría llamarse este país.

Miguel Hidalgo, José María Morelos, Vicente Guerrero, Andrés Quintana Roo, Benito Juárez, Ignacio Allende... Todos esos personajes, héroes nacionales mexicanos (sin entrar en detalle para no perdernos) están por debajo de la talla del conquistador; sin embargo, tienen una ciudad o estado que lleva su nombre. ¿Alguien sabe quién fue Guzmán? Tiene una ciudad.

Tenemos el parque Lincoln, monumentos a Churchill, Bolívar, Artigas, San Martín, Gandhi... ¡Bienvenidos! Son ejemplo de hombres universales (sin contar desde luego las que tenemos de dictadores, como Tito o el líder Azeri Aliyev), referentes para los ciudadanos. ¿Dónde está nuestro hombre universal? Los mencionados son admirables, ¿nosotros no? A Cortés lo vemos ajeno; hagámoslo nuestro otra vez.

Los estadounidenses lo tienen claro, ayudaron a debilitar la figura de Cortés en nosotros, pero vaya que ellos la utilizan e, incluso, la hacen suya. En el friso de la bóveda del Capitolio, en Washington, se ilustra simbólicamente el providencial manifiesto de su nación, en el cual se incluye el triunfo de Cortés y la «capitulación voluntaria» de Moctezuma (quien representa a todos los nativos americanos), con lo cual se acepta el destino. Prefiero no calificar tal apropiación, pero sí vale la pena mencionarla como ejemplo de que lo útil siempre lo es, aunque resulte ajeno; si es propio y no se reconoce, más allá de la ceguera, indica insensibilidad.

Si no exponemos (poner afuera) a los ganadores, ¿cómo podríamos, entonces, honrar nuestra parte exitosa? Enviamos la señal incorrecta. No debemos seleccionar una parte de la propia historia o de lo que somos. Simplemente, se trata de tomar en cuenta todo lo que somos.

Queremos que nuestros niños sean sinceros y triunfadores. No obstante, en los hechos les enseñamos lo contrario. Ni siquiera el talento de Diego Rivera pudo contrarrestar los prejuicios que heredó como mexicano. El pintor plasmó, en las paredes del Palacio Nacional, la versión más ignorante de la Conquista. ¡Grave error! Después de eso, ningún habitante del Palacio ha ordenado un metro cuadrado de contra-mural conciliatorio.

Plaza de la Constitución, coloquialmente llamada «Zócalo», Ciudad de México. Este es uno de los espacios públicos urbanos más grandes del mundo. El trazo original se le debe a Hernán Cortés, al igual que la colocación de la primera piedra de la catedral y la versión original del actual Palacio Nacional, que fue la casa del propio conquistador y, posteriormente, el palacio de los virreyes.

Como muestra de lo que deseamos pero no somos, nombramos a nuestro mayor espacio público «Plaza de la Constitución», en honor a la de Cádiz. Ello lo hicimos aparentando honrar las leyes que no respetamos y sabiendo que el mejor jurista no es quien conoce las normas, sino quien domina sus vicios. Por ello, considero que el nombre popular con el que bautizamos a tal espacio es muy ingenioso, pues refleja cómo nos vemos: Zócalo, basamento, cimiento de una futura construcción. Eso somos: una parte tronchada del resto que falta. Poseemos únicamente la base para erigir el monumento que podemos ser.

Esa gran plaza, el espacio público por excelencia, el ágora mexicano, debería llevar el nombre de quien sugirió su trazo original, quien, por cierto, en un principio se opuso a su ubicación porque no respetaba el testimonio azteca. Después cedería ante el criterio eclesiástico de borrar por completo

Plaza Mayor de la Ciudad de México, pintura virreinal.

el antecedente arquitectónico-religioso, pero convencido de que el arte y la ciencia de construir ciudades son acciones políticas. En tal sentido, como afirma Octavio Paz, una civilización es, ante todo, un urbanismo.

Que un sitio sea llamado «Plaza Hernán Cortés» y que en la placa se lea «creador de la nacionalidad mexicana» no lo veremos pronto en la capital mexicana.

Pese a ello, sí cabe hacer mención de que en Perú existe una estatua de Pizarro dentro de una de sus plazas principales. Nombrar a un espacio como el conquistador Cortés sería un homenaje a alguien «real», sin importar que conviva con los personajes de la mitología patriótica mexicana, tan útil para la historia oficialista, estancada y «estancadora».

Por lo menos debería colocarse un busto que mostrar en la calle a nuestros hijos, como lo hacen los ciudadanos de otros países en relación con los próceres que sentaron las bases de sus naciones. Y desde luego, también podría colocarse uno equivalente dedicado a Malintzin, esa gran señora, poseedora de enormes virtudes que podrían representar los valores femeninos (y masculinos) que toda república que se respete debe honrar. El topónimo Malinalco,[36] elevado a nivel estatal.

A tal grado ha llegado el intento de desdibujarnos, que somos el único país hispanohablante en el que casi no existen personas llamadas Hernán. Pero la memoria se defiende con fuerza. Aunque desconozcamos el nombre propio por la irremediable voluntad de no ser, el patronímico (patro-nomen, el nombre del padre, el apellido) no solo subsiste, sino que es el más abundante en el directorio mexicano.

Hernández es un recordatorio inconsciente, casi un reconocimiento del nombre que nos empeñamos en olvidar. Es la inmanencia de la justicia.

En castellano, el sufijo ez significa «hijo de». Siendo así, un Martínez es el hijo de Martín; Álvarez, el hijo de Alvar o Álvaro.

---

[36] Población del Estado de México cercana a la capital.

Mural de Diego Rivera, 1936. Palacio Nacional de la Ciudad de México.
En opinión del autor, este mural es una imagen distorsionada
del suceso histórico.

¿A quién olvidamos los mexicanos? A Hernando, pese a que en su nombre se reconozca una gran mayoría, los Hernández.

¡México Hernández!

La ingratitud no es solo nacional ni civil, rebasa fronteras físicas y religiosas. No encontramos en el Vaticano ningún reconocimiento a quien arrastró tantas almas al catolicismo. En cambio, no hay monumentos más suntuosos que los erigidos a los Papas guerreros y a aquéllos que detentaron el poder con más riquezas. ¡Sus nombres y figuras se encuentran dentro de la basílica de San Pedro! Tampoco se encuentra, en los sitios de verdadera importancia, un gesto que recuerde a algún misionero pobre. Para aquél que hace «iglesia», nada. La conclusión del recorrido vaticano es de grandeza arquitectónica y pobreza espiritual.

La opción que tenemos no es opción, es una necesidad. Resulta urgente rescatar la figura de Cortés y con él todo lo que representa en nosotros mismos, para colocarlo en el panteón de nuestros héroes con el pedestal que se merece.

No debemos permitirnos más nuestra ignorancia. Si se ha dado el caso de que, en el propio Hospital de Jesús[37], personas que aparentan tener cierta información escupen al busto de bronce del conquistador. Algo está muy mal. Urge equilibrar emociones, suplir carencias con congruencias.

En descargo de tanta animadversión, puede decirse que, así como los regalos poseen la calidad de quien los da, los personajes históricos tienen la importancia de quien los reconoce. En la historia de México, son muy pocos quienes dan su lugar a Cortés, pero sin duda son los mejor calificados. Entre quienes reconocen su labor se encuentra el Conde de Revillagigedo, que se percató de la importancia del símbolo conquistador; fray Servando Teresa de Mier, que elevó una oración fúnebre tan impactante al personaje durante una de las nueve veces en que trasladaron los restos del conquistador, pero las autoridades virreinales «perdieron» el escrito.

Otro reivindicador fue don Lucas Alamán, un rescatable del siglo XIX, autor de una de las primeras biografías sobre Cortés y quien protegió sus restos durante años. Vicente Riva Palacio lo hizo entendiendo claramente el proceso histórico de la figura cortesiana. En el siglo XX, el gran José Vasconcelos insistió en que la fecha más importante del calendario nacional debería ser el día en que Cortés fundó el primer ayuntamiento de la Villa Rica de la Vera Cruz o cuando, el 26 de julio de 1519, desmantela, con el apoyo de sus capitanes,

---

[37] El Hospital de Jesús es el hospital más antiguo de América, el cual fue mandado a construir por Hernán Cortés para atender a los soldados heridos en las batallas contra los aztecas.

las naves. Considera importante la fecha porque es cuando «se forja en definitiva la historia del país».

José Luis Martínez, ensayista, biógrafo, historiador y diplomático, escribe una exhaustiva biografía del conquistador. El irónico e inteligente José Fuentes Mares, historiógrafo y filósofo, también agradece su herencia. Agustín Basave Fernández del Valle, uno de los filósofos mexicanos más completos, profundiza en lo nacional. El ingeniero e historiador José López Portillo y Weber insiste en la síntesis que somos los mexicanos.

Pocas opiniones son tan válidas como las de don Miguel León-Portilla, porque, después de exponer como nadie la visión de los que no ganan, reconoció en el vencedor sus dotes humanas y todas las dimensiones ajenas a las del conquistador. Atribuye a Cortés el papel de descubridor, resaltando las perdurables consecuencias y aportaciones de sus acciones.

Juan Miralles, diplomático e historiador, «inventor de México», le nombra con razón, así como lo hacen algunos biógrafos extranjeros: el estadunidense Prescott; otros franceses, como Jean Descola, quien describe la América precolombina y las primeras actuaciones de los conquistadores, y el mencionado Christian Duverger, quien no esconde su inclinación por el extremeño.

Algunos británicos, por su parte, son promotores del desprestigio español durante el esplendor del Imperio. En compensación, resultan luego los mayores admiradores de su cultura. Los más agudos hispanófilos nacen en los nebulosos paisajes de Gran Bretaña, como si en el brillante sol de la Península Ibérica descubrieran, de pronto, la sombra que por siglos le impusieron.

El inglés Hugh Thomas, famoso historiador, entrega la narración más completa de la Conquista de México. El irlandés Ian Gibson deja un sentido catálogo de la creación literaria hispana en América. El español Salvador de Madariaga, pacifista, historiador y diplomático, con su inmejorable prosa pasa del recuento mesurado de los hechos a la entusiasta devoción por el estudiado, curioso fenómeno el de la «cortesización» en que incurren la mayoría de sus investigadores.

Madariaga decía: «creo haber sido Cortés el hombre de acción que ha rayado a mayor altura en toda la historia de euroamérica». Así mismo hablaron destacados admiradores, como el empresario y humanista Adolfo Prieto, español de México, quien comparó al personaje con «un árbol hispano cuyas raíces laboraban en lo hondo del suelo español y cuya fronda y fruto daban sombra y vigor a México; Cortés abarcaba todo lo humano como su reino natural». También lo hizo aquella poetisa jalisciense, Margarita López Portillo, en el colmo de la admiración femenina por el conquistador, quien se jactaba de que ella solo se persignaba ante la imagen de la Virgen de Zapopan o ante la efigie de Hernán Cortés.

Capítulo XIV
Conquistados, todos

Antes de pasar a las conclusiones propias del tema central y a manera de repaso de los distintos componentes del ser nacional, sería conveniente ver cronológicamente de qué manera derivamos en el mexicano de estos días y cómo nos posicionamos en el mundo. Bien vale considerar el planteamiento hipotético por última vez: si Cortés no hubiese comandado la coalición indígena-española que derrotó a los mexica, ¿cuál hubiera sido el destino de ese pueblo a mediano plazo? Tarde o temprano los enemigos, siempre maltratados de Tenochtitlán, hubiesen terminado por organizarse en contra de sus opresores y acabado con ellos. Los hubieran exterminado sin compasión, como sucedió en el pasado en distintas partes del territorio. En específico, esta fue la forma en que los propios mexica se hicieron fuertes en la meseta central, simplemente borraron del mapa a sus enemigos.

De todas las migraciones que llegaron del norte, recuerda Zunzunegui, «los aztecas fueron la última oleada migratoria

Asedio y caída de la Gran Tenochtitlán.

en llegar y destruir, adoptar, conquistar y asentarse antes de la llegada de los castellanos, que hicieron exactamente lo mismo». Y nos dice Jonathan Kandell, en la probablemente más seria investigación sobre el pasado del Valle de México, «tan pronto como fueron masacrados sus enemigos Tepanecas, aplastaron brutalmente a los de Coyoacán, los sobrevivientes fueron esclavizados, las mujeres convertidas en concubinas y los vencedores se adueñaron de las tierras de cultivo... los Xochimilcas fueron la primera tribu en sufrir la calamidad del nuevo culto a Huitzilopochtli». Así, podrían seguirse narrando cantidad de atrocidades.

Los aztecas mataban a hombres, mujeres, ancianos y niños. Probablemente, si su decadencia o desaparición hubiese sido así, hoy no habría voces enojadas por la suerte de ese pueblo ni memoria histórica que lo preservara.

Resultaría interesante, a la manera de *Visión de los Vencidos*, de don Miguel León-Portilla, contar con un documento similar que instruyera sobre los padecimientos que tales «vencidos» sufrieron en manos de los victoriosos indígenas, quienes, 200 años antes de la conquista española, se apoderaron de los territorios del altiplano. En ese caso, habría poca información porque, como afirma Kandell, los pueblos eran prácticamente arrasados.

Ese famoso libro, todo un referente de la temática de la conquista, reforzó en mi opinión, la tendencia a victimizarnos encerrando el contexto de la invasión española a un suceso violento y de consecuencias determinantemente negativas en una parte de la población, sin ampliar la perspectiva al resto de conquistas, invasiones y demás relaciones de guerra indígenas que hubo con anterioridad en el territorio (una más violenta, cruel y despiadada que las otras) concentrando quienes lo interpretaron y sus lectores exclusivamente en esa realidad, todos los males sociales que sucedieron durante el virreinato. Probablemente por eso (es una especulación mía) don Miguel, en compensación y como hombre justo e inteligente que fue, escribió después libros donde deja testimonio de la cantidad de aportaciones positivas a la humanidad que dejó aquel encuentro cultural y destaca las acciones de Cortés en los otros ámbitos distintos a los guerreros.

Con la guerra española también hubo destrucción, pero, si la historia prehispánica se conserva, es porque los misioneros y los historiadores, como fray Bernardino de Sahagún, Bartolomé de Las Casas y muchos otros, así como el propio gobierno de la Nueva España, se preocuparon por mantenerla. Ahí están, como evidencia, las narraciones de los testigos europeos, los códices que se encargaron a los educadores o la literatura valiosísima para la conciencia histórica mexicana de las primeras generaciones de literatos mestizos.

Las lenguas prehispánicas no tenían un equivalente alfabético, es decir, no existía la literatura tal como los europeos la concebían. Lo que había era un lenguaje pictográfico.

Las primeras obras de los literatos mestizos resultan muy importantes para sustentar la conciencia nacional mexicana. Contrario a lo que sucedió después, las primeras generaciones de mestizos, descendientes de los pueblos que se aliaron con los españoles, estaban orgullosos de sus antecesores y de su participación en la derrota del imperio mexica. Fueron también conquistadores.

Fueron los estudiosos y recopiladores curiosos quienes le dieron a las lenguas antiguas métodos modernos para trascender al futuro.

Los poemas que en la actualidad leemos (entre ellos, los de Nezahualcóyotl, los cuales aparecen en los billetes), las narraciones de la vida cotidiana de los pueblos mesoamericanos o los consejos de un padre a su hija mexica, fueron recuperados durante aquellos primeros años, se plasmaron en castellano o náhuatl (ya gramatizado) y los podemos consultar hoy.

Las primeras generaciones de mestizos estaban orgullosas de sus antecedentes y de su participación en la derrota del imperio que sojuzgaba. Se consideraban corresponsables del hecho histórico que provocó la fundación de una nueva nación. Fueron protagonistas. Ellos no tenían la debilidad que actualmente padecemos, la de ser nostálgicos, la de recordar un pasado idílico que no existió. Se ocupaban de su presente sin «leyendizar» su pasado, no sentían la necesidad de establecer retroactivamente el esplendor.

Fernando de Alva Ixtlilxóchitl, noble indígena, se enorgullece y reivindica a su ancestro Ixtlilxóchitl, último rey de Texcoco. Fernando justifica a su bisabuelo por haber luchado al lado de Cortés. Como explica Gutierre Tibón, le atribuye, además, todo el mérito de la conquista y de la cristianización, así como el control de un ejército de 200 mil hombres (exagera el número, por supuesto) que derrotaron a los aztecas. Lo anterior muestra que, en aquellos primeros años, no existía un ambiente adverso contra el suceso histórico entre los descendientes de los conquistados. ¡Ellos también fueron conquistadores!

Hernando Alvarado Tezozomoc, mencionado por Miguel León-Portilla, rescata la memoria en su *Crónica Mexicáyotl*. Lejos de asumir posturas de resentimiento por cuanto ocurrió a sus pueblos, considera que lo más importante es reconstruir su identidad con sólido fundamento histórico: «siendo plenamente conscientes del drama de los vencidos, se propusieron restañar sus heridas mostrando a sus descendientes que provenían de gentes que fueron grandes creadores de cultura».

Si no hubiese sido por la voluntad de estos de recordar, sabríamos muy poco de la cultura mexica y sus tributarias, tal como poco conocemos sobre la teotihuacana, olmeca y maya. Todavía no tenemos certeza de la forma abrupta, y probablemente violenta, de las circunstancias de su desaparición.

Así trascendieron los primeros años de fusión, aunque también es cierto, como se lamenta José Vasconcelos en *La raza cósmica*, que «a medida que la Conquista se consumaba, toda la nueva organización iba quedando en manos de cortesanos y válidos del monarca. Hombres incapaces de defender lo que otros conquistaron con talento y arrojo. Palaciegos degenerados, capaces de oprimir y humillar al nativo, pero sumisos al poder real, ellos y sus amos no hicieron otra cosa que echar a perder la obra del genio español en América. La obra portentosa de los férreos conquistadores y consumada por los sabios y abnegados misioneros, en parte fue anulada».

El reino forjado por los indios y su respetado líder, Hernán Cortés, y el sueño benéfico de un nuevo mundo sin los vicios del viejo desapareció por razones políticas. El Imperio español debía sostenerse y allegarse recursos. Por un lado, los españoles elevaban a reino aquella tierra enorme y enviaban a un respetado virrey, don Antonio de Mendoza y, por otro, debían despojar de toda influencia al conquistador, quien se oponía a la importación de todos los errores sistémicos de una burocracia imperial. Se facultó, así, a la nueva autoridad y más tarde al brazo político-religioso de la Corona, la Inquisición, para imponer procesos que aseguraran su poder sin tomar en cuenta consideraciones legítimas de justicia.

De esa forma surge, y con razón, la concepción dañina de la Conquista de México. Ahí se perdió España tratando de consolidar un poder imperial imposible de mantener en manos de monarcas distraídos en lograrlo. Y el hispanismo perdió la oportunidad más valiosa de construir una sociedad a la altura de sus ideales.

Pero, en mi opinión, todos esos rencores contra España no tienen razón de ser, porque ese pueblo español integrado principalmente por trabajadores, no tuvo beneficios ni tiene la responsabilidad por la conquista. Aquellos responsables, los reyes despóticos y los nobles parasitarios, los traficantes sin conciencia; una pequeña minoría delincuente, ya está condenada por el tribunal inexorable de la historia como bien decía Rafael Ramos Pedrueza.

No debe perderse de vista, más allá de las deficiencias del gobierno virreinal y de las jerarquías sociales de la época (que hoy vemos odiosas, pero antaño resultaban normales en el mundo), que el resultado final del encuentro de civilizaciones fue decisivo. Ese proceso amalgamó cientos de pequeñas subculturas en una sola, muy diversa y auténtica, gran cultura.

El virreinato, en muchos aspectos administrativos, fue un desastre. El militarismo, el absolutismo español, la corrupción y la distancia dieron lugar a la decadencia. Todo ello desencadenó en nuestra justificada emancipación, pero también nos debilitó y rompimos con nuestro pasado, renegamos de la propia sangre y herencia cultural, perdimos el sentido histórico de la raza.

Historiadores, arqueólogos, antropólogos, filósofos, sociólogos y psicólogos se han planteado esta cuestión espinosa de la herencia cultural negada en México. Se nos ha deformado a tal grado el entendimiento, que cuando hablamos de la Conquista o sobre los españoles e indígenas, solemos pensar automáticamente en dos bandos. Es decir, evocamos el conflicto.

A principios del Virreinato tal conceptualización no se daba así. El antagonismo surgió de manera posterior, resultado de las luchas ideológicas, de fuerzas políticas y factores de poder que querían proteger sus privilegios. Nos perdimos y ahora no tenemos claro cómo recuperarnos.

Por todo lo expuesto, conviene, entonces, traer el tema a la actualidad. Exploremos, mediante análisis modernos, el pasado y descubramos dónde está nuestro presente. Expliquemos viejos tabúes para sacar recientes conclusiones. Dejemos de lado la falsa concepción sobre el comportamiento de las naciones dominantes (nosotros escuchamos «España» y pensamos en opresión. La sola mención nos sitúa en un campo minado), pues en ella afloran de inmediato reacciones y preconcepciones.

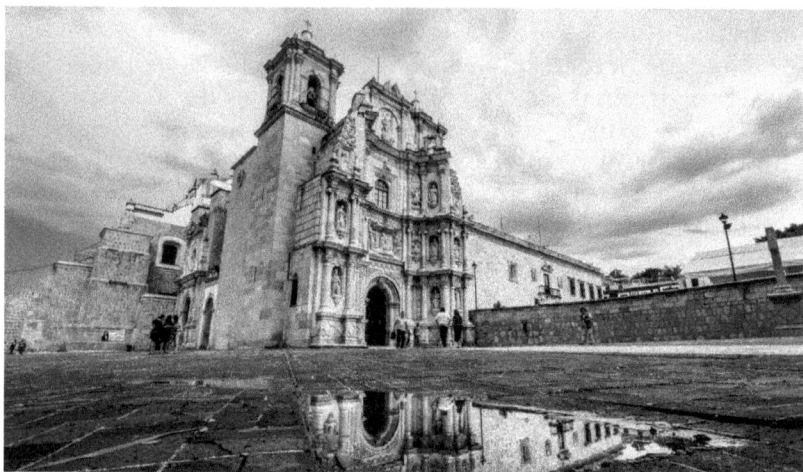

Iglesia de La Soledad, Oaxaca, México.

Yuval Noah Harari, en De Animales a Dioses, atina en abrirnos los ojos para explicar la aportación de los imperios al bien de la humanidad. Entendemos, puerilmente, que los pueblos tienen derecho a la autodeterminación y nunca deben hallarse sometidos al dominio de otros. Sabemos que los imperios son malvados, destruyen y explotan; sí lo hacen, pero lo cierto es que tal forma de organización ha sido la más común durante los últimos 2.500 años. Después de los primeros choques traumáticos, los imperios dejan más resultados positivos que negativos.

Los pueblos hoy más civilizados, los alemanes y franceses, entre otros pocos, ¿qué eran antes de su forzado acceso a la civilización? Constituían un puñado de bárbaros. Los durísimos francos, los galos, los germánicos, al someterse ante los romanos, se integran y les derraman su acervo cultural. Los indios (de la India) agradecen la ocupación inglesa. Más allá de los excesos cometidos, la colonización les dejó una estructura económica, adelantos sociales, una red de instituciones educativas, arquitectura colonial y una eficaz red ferroviaria. ¡Qué decir de Egipto, la actual Turquía, casi toda Europa oriental y muchos países de Asia y África! Lo mismo nos ocurrió a los mexicanos. Ejemplos de esto hay cantidad en la historia universal.

Templo de Santo Domingo, Oaxaca. La arquitectura novohispana alcanzó su esplendor en el siglo XVI y XVII. Estas joyas pudieron erigirse gracias a la prosperidad económica de la explotación minera, industria que proporcionó recursos para patrocinar a infinidad de artistas mestizos, criollos e indígenas.

En general, no han sido una tragedia las conquistas. Pasado el dolor del parto, el producto es bueno. No nos lamentemos, estamos dentro de la línea histórica normal.

Y al revés, «los pueblos conquistados no tienen un historial muy bueno a la hora de liberarse de sus amos imperialistas». Lo que sucedió es que, lejos de obtener «independencia», caímos presa de nuevos imperios y potencias ambiciosas, o lo que fue peor, fuimos víctima de grupos internos de poder, manejados por caudillos improvisados, que ocuparon el vacío dejado cuando el antiguo poder se retiró. México nunca estuvo peor que cuando dejamos de ser Nueva España. Perdimos la mitad del territorio, nuestros recursos y la dignidad. Naciones poderosas, bien organizadas, explotaron a conciencia nuestras minas, bosques, pero, sobre todo nuestra ingenuidad.

No entraremos en narraciones históricas que ya conocemos. Rescatemos el sentido de este apartado para recuperar la autoestima que perdimos. Hasta hace apenas pocos años, empezamos a rectificar tímidamente nuestros libros de texto de historia, reconociendo que «aquellos sucesos» algo de valor dejaron a su paso. Nos falta contundencia, honestidad, quitarnos autocomplacencia. La etapa del Virreinato hispano-mexicano produjo beneficios y prosperidad; dio lugar a generaciones enteras de artistas mestizos, criollos e indígenas. Ellos crearon sorprendentes capillas, catedrales y producciones artísticas sin igual. De igual manera, surgió la moneda más fuerte del mundo y literatos del nivel de Carlos de Sigüenza y Góngora, Juan Ruiz de Alarcón, Servando Teresa de Mier o la inigualable sor Juana Inés de la Cruz.

A 500 años de la Conquista, es tiempo de reconocer las cuestiones positivas que resultaron de ella.

Es el aspecto psicológico el que debe atenderse. El conquistado no es el vencido; esa idea es solo un estado mental. El conquistador únicamente ganó la última batalla. No es cuestión de conquistados y conquistadores, esa noción retrógrada es relativamente reciente y resultado de descuidos en la educación oficial.

Sor Juana Inés de la Cruz, literata novohispana del siglo XVII.

Debe recordarse que los pueblos indígenas, sometidos por los mexica, se convirtieron en vencedores desde el momento en que decidieron hacer frente a su destino y aprovechar el liderazgo español para terminar con la suerte que no les favorecía. Cuando se consuma la toma de la capital, los aliados indígenas se convirtieron en conquistadores del resto del territorio, los cuales ayudaron a pacificar. Además, contribuyeron a fundar las ciudades del sur de la Unión Americana.

Les gustó ganar, era cuestión de organización y liderazgo.

Con desacierto se ha acostumbrado a la opinión pública a leer –y sentir– el pasado desde el punto de vista azteca (una visión del centro geográfico y político del territorio muy centrípeta que ha acarreado consecuencias determinantes). Los aztecas son un pedazo muy pequeño de ese todo que existía, el que gozaba el apogeo presente de su época, que por cierto fue la menos luminosa del pretérito prehispánico, porque todo lo que fueron fue hábilmente copiado, falsificado. No son los herederos legítimos de la grandiosa y mística toltequidad, son los confiscadores de los restos de aquella cultura, esa sí maravillosa y auténtica que, junto con los mayas en Yucatán, la gente del Tajín en el Golfo, o posteriormente las culturas zapoteca-mixteca de Oaxaca, florecieron varios siglos antes de la conquista española en todo el territorio. "Por cuál ofuscación nadie entre nosotros quiere ver y admitir que el mundo azteca es una de las aberraciones de la historia?" Esta aseveración tan grave no es de un improvisado historiador, ni siquiera de un reconocido académico, es de Octavio Paz, premio Nobel de literatura, y la hace 20 años después de publicado *El Laberinto de la Soledad* donde analiza a profundidad la psique mexicana y su recorrido por la historia. Lo escribe en *Crítica de la Pirámide,* ya maduro y luego de experimentar diversas culturas a lo largo del mundo. Acongoja lo anterior, confronta y nos confronta, pero abre un camino a la autocrítica y a la reflexión. Debemos cuestionar lo que significa todavía la visión azteca del mundo que tiene el mexicano (y dentro de esta la exaltación de la derrota) y sopesar las repercusiones que ha tenido en la sociedad y en los individuos. La realidad mexicana es mucho más antigua, diversa y rica que la perspectiva nahua que domina. Con lo anterior no pretendo juzgar a unos, sino comprender a todos.

La versión equivocada, incompleta, oficialista y «tenochcentrista» de la historia demerita el enorme esfuerzo de los que se liberaron, de los que también ganaron, de los otros que ahí estaban, y los relega a la periferia de la historia con tal de sostener la infantil postura del español malo y el indio bueno. Si encarnaran nuevamente los espíritus del cacique de Cempoala, del señor de Huejotzingo, de los príncipes tlaxcaltecas y de los jefes de los cientos de pueblos que lucharon para acabar con el yugo azteca que los asfixiaba utilizando a los extranjeros, se volverían a morir peleando ahora contra la narrativa que ciertos gobiernos herederos del reduccionismo conveniente siguen manteniendo, en perjudicial exposición imposible de sostener para el que se adentra, aun superficialmente, en la investigación. Los tlaxcaltecas, los principales conquistadores de aquella guerra, dejaron otro lago pero de sangre en el Valle de México luchando por su liberación. Imposible que se entienda el apoyo y la lealtad que una y otra vez dieron y demostraron al ejército español, sin su anhelo de libertad.

Con ese espíritu, pocos años después y de manera voluntaria, los descendientes de esos primeros mexicanos, ya españolizados, principalmente purépechas y tlaxcaltecas, conformaron la tripulación principal de los galeones de Miguel López de Legazpi y el cosmógrafo Andrés de Urdaneta. Estos hombres, con investigaciones realizadas en la Universidad Real de la Nueva España, descubrieron las corrientes

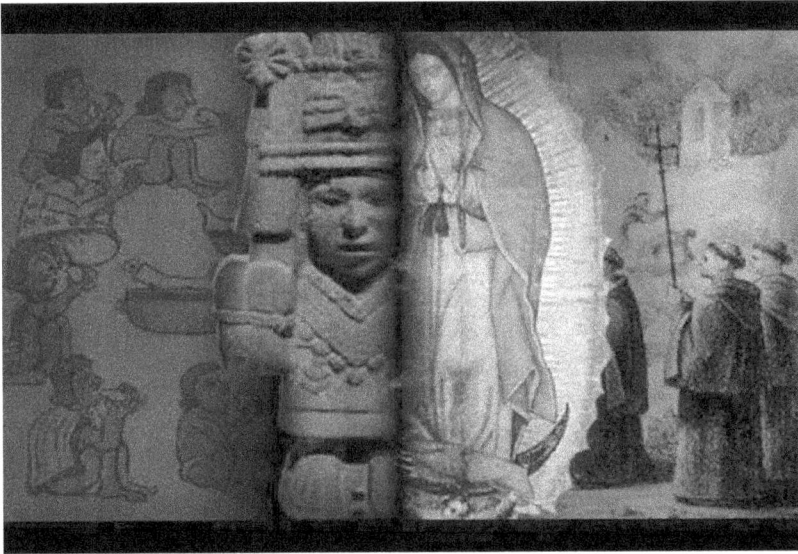

Tonantzin-Guadalupe, la concepción sagrada de lo femenino, representada universalmente como la madre virgen de Dios. En el México antiguo, se veneraba a través de la figura de Tonantzin, en el santuario del cerro del Tepeyac, en Tenochtitlán, mismo lugar donde se continuó después su adoración, pero en la versión española: Guadalupe.

191

marítimas de regreso de Asia a América. Inauguraron, también, la ruta comercial más importante del mundo en su época, la de la Nao de la China, y facilitaron la conquista española de Filipinas. En ese archipiélago, los rostros de los conquistadores indígenas se fundieron con los de los filipinos. (Hubo consecuencias positivas y trascendentes de esos sucesos: de lo primero, un municipio llamado Mexico (así, sin acento) a 80 kilómetros de la capital filipina fundado en 1581, un copioso comercio entre Acapulco y Manila, una historia común con varios lugares con nombres en castellano igual que en América donde la santa patrona es la Virgen de Guadalupe, y de lo segundo, la llevada del Mango de Manila que encontró en tierra mexicana su más jugosa y exquisita expresión.)

Por eso extirpemos, de una vez, la versión maniquea de buenos contra malos, de vencidos y vencedores, de nuestra argumentación mental. Una cultura se forma de las cenizas de las anteriores. «Solo en México se educa a los individuos para lamentarse de ese inevitable y obligatorio proceso», señala Zunzunegui.

Es común oír en las conversaciones al respecto: «yo no voy a perdonar a quien mató a mis abuelitos». El diálogo refiere a la cantidad de muertes propinadas por los españoles durante el sitio de Tenochtitlán o a lo largo de las posteriores guerras de pacificación en todo el territorio mexicano. Tienen razón quienes argumentan así, pues... ¿cómo justificar la violencia excesiva y la muerte de miles de personas? No importan las causas. Efectivamente, las desavenencias ocurrieron, pero las cometimos todos en la conducta de esa época, pues descendemos de aquellos hombres y mujeres que lucharon entre sí. No obstante, después de 500 años, es absurdo culpar a una de las partes puesto que hoy ya somos las dos.

Debemos recordar para no olvidar; asimismo, perdonar y perdonarnos aquella violencia, causa de la muerte de nuestros abuelos, e igualmente la de los bisabuelos totonacas, tlaxcaltecas, huejotzingas y de todos los pueblos durante las guerras de sometimiento y castigo del Imperio azteca para imponer su supremacía.

Virgen de Guadalupe, Luis Berrueco, 1760.
Interesante fenómeno sociológico el de la Virgen
de Guadalupe. Con antecedentes conceptuales
provenientes de Egipto y Grecia, pasando por
España con nombre árabe, Guadalupe es hoy
el principal símbolo religioso con el que se
identifican la mayoría de los mexicanos, sin
importar su origen o condición social.

Siglos antes, mataron hasta casi extinguir a nuestros «tatarabuelos», quienes vivían en los pueblos de la cuenca del lago de Texcoco, cuando llegó el último pueblo nahua (los aztecas). Chichimecas (bárbaros), muriendo de hambre por haber errado a través del territorio durante años, con ganas de por fin establecerse donde fuere. Los aztecas llegaron con tal sed de triunfo y de ser alguien, que se apoderaron de todo lo que había, incluyendo los dioses y la cultura que encontraron. En pocos años construyeron un imperio riquísimo, que dominó hasta Centroamérica. Construyeron su famosa ciudad con técnicas de ingeniería fabulosas, en un pequeño islote del lago.

La azteca fue una ciudad imponente, pero duele que haya alcanzado su apogeo con exceso de violencia y a costa de tantos «abuelitos» muertos. Nos lamentamos en confusión porque los abuelos aztecas, los victoriosos de esas conquistas, igualmente son nuestros ancestros. Nos dolemos porque los conquistadores españoles, que llegaron dos siglos después pero a quienes todavía no reconocemos como abuelos, lo son también.

Sentimos más las conquistas españolas porque de las anteriores, las de los antepasados indígenas, no hay memoria registral; por tanto, tampoco histórica, y proyectamos nuestro enojo en la que recordamos porque así nos lo han enseñado erróneamente. Toda esta frustración guardada por tanta violencia e injusticia vivida por generaciones debe desaparecer, pero, para lograrlo, requerimos por lo menos conocerla, sentirla, acabarla de llorar, dejarla ir.

Queremos renacer en un nuevo ciclo, en un fuego nuevo, entendiendo lo que somos y, sobre todo, lo que no somos. Ello nos permitirá liberar la mente y soltar ese lastre impuesto aún antes de nacer. Tenemos que reconocer la propia raza entre nuestras razas.

Lo que nos queda por asimilar es la ventaja de la conclusión que ya somos. No sigamos lamentándonos de lo que supuestamente perdimos o lo que sufrimos. En un principio nadie creía que el aceite y el vinagre se mezclarían tan bien; hoy esos ingredientes conforman el mejor aderezo del mundo.

Todos somos conquistadores o conquistados, según se vea, porque al final todos nos mezclamos y todos somos todo. Antes de hablar de «pueblos originarios», deberíamos precisar de qué época. ¿El plazo temporal sería hace 5.000 o 15.000 años? Porque los pueblos americanos más antiguos, en realidad, no provienen de América, sino de Asia.

Enfoquémonos en lo positivo. Cuando se mezcló la sangre mexicana con los genes españoles, llegó también la herencia griega que se había apoderado del pensamiento de su conquistador romano. Llegaron los fenicios, quienes habían regado todo el Mediterráneo y el sur de Iberia con su intuición comercial, muy ufanos de haber inventado el dinero.

De Cartago llegó Aníbal en Cortés, como los germanos en Pedro de Alvarado (personaje muy violento), a quien los mexicanos apodaron «Tonatiuh», el sol, porque era tan rubio como el astro rey. De Alvarado se casó con una princesa tlaxcalteca y poblaron Guatemala, extendiendo en tierra maya la sangre visigoda (germánica) o celta de él y tlaxcalteca-nahua de ella. Arribaron, en ese torrente sanguíneo, los bereberes de los desiertos del norte de África, dirigidos por los árabes ya islamizados, quienes invadieron la Península Ibérica en el año 711 dejando el esplendor de su cultura. Se apersonaron los judíos españoles (convertidos o encubiertos, ¡qué importa!), los que hicieron del Sefarad (España) su Israel.

Siglos más tarde, una oleada de migraciones judías en México no encontraría extraña tal tierra americana, pues se reflejaron en los españoles ya asentados. Por la misma razón, otros exitosos comerciantes de Medio Oriente, descendientes de los fenicios, los libaneses, llegaron y crearon, a su vez, imperios financieros en México como si de «Tierra Santa» de los negocios se tratara.

Ya en suelo mexicano, católicos o no, todos identificaron al guadalupanismo con lo nacional. Coincidieron en el simbolismo porque la conceptualización, la de la Madre Virgen de Dios, es universal, como lo fue la Isis egipcia que los fenicios adoptaron y llevaron a Iberia, como lo fue la griega Artemisa, la romana Cibeles o Nuestra Señora visigoda.

Todas ellas fueron abuelas espirituales de la española Guadalupe. Esa intuición, la preconcepción humana y sagrada de lo femenino, en lengua nahua se bautizó como Tonantzin y se veneraba en el cerro y santuario del Tepeyac. La idea resultó universal, por lo tanto el sincretismo psicológico y religioso que representaba la Virgen era mestizo de forma natural.

A esa Morena divina los españoles suplicaron, durante siglos, vencer a su enemigo árabe, disimulando que el nombre, Guadalupe, era árabe también. De igual forma, los mexicanos recurrimos durante la Independencia al icono guadalupano para expulsar a los españoles que lo habían traído. (Incluso ahora, con oportunismo político, se utiliza uno de las formas de designar a la Virgen para influir en el inconsciente colectivo[38]). Compartimos todo, hasta las contradicciones.

Las culturas auténticas, poderosas, con identidad, las que más se exteriorizan son las que han integrado generosamente sus distintos fragmentos. Andalucía, región de la que más absorben las provincias hispanoamericanas, es un caso que destaca. Su cultura es la aleación de muchas diametralmente opuestas; en ocasiones, irreconciliables. Hoy es la imagen homogénea con la que España se proyecta al mundo. Ahí converge África con Europa, el acercamiento con Asia, y el punto de salida hacia América.

Andalucía contiene lo mejor de Roma. Emperadores brillantes, como Adriano y Trajano, o el filósofo Séneca, fueron oriundos de esa tierra. Oriente floreció en sus califatos. Los árabes alcanzaron el esplendor, los judíos progresaron sin temor, las religiones entablaron el diálogo y los rezos se siguen entonando ahí.

Con su música, los gitanos (todo lo que provenía de Oriente lo nombraban, por confusión, «egiptiano» o «egipsyano») de origen indio-paquistaní, habitan ese lugar. Al baile le llamaron flamenco, pues así se designaba a los gitanos que participaron en las guerras flamencas de los Países Bajos

---

[38] MORENA, Movimiento de Regeneración Nacional, es actualmente el partido político que detenta el poder en México.

durante el reinado de Felipe II, para distinguirlos por los servicios al imperio y elevarlos de categoría. Se les quedó, después, tal gentilicio al baile y al canto que esos grupos popularizaron. El pueblo gitano, discriminado en muchas partes del mundo, dio en Andalucía la estampa, lo que hoy es el icono español más conocido en el mundo.

¿Alguien duda de las bondades del mestizaje? Se necesitaron 2.500 años de buenas mezclas mediterráneas para que la mujer andaluza caminara como lo hace. Un espectáculo. En sus ojos se leen miles de años de historia. Andalucía encanta porque nunca, en otra parte, las principales culturas del mundo conjugaron con tanto orgullo los verbos ser, estar y tener. ¡Y es la tierra de las conquistas!, de los pueblos distintos, pero ha asimilado para bien sus discrepancias; se ha potenciado. El mundo se reconoce en sus valores universales y se fortalece en sus diferencias. Celebrémoslas.

En ese sentido, los mexicanos estaríamos condenados si continuamos repudiando o desconociendo una parte de lo que somos, en este caso, la hispánica. ¿Por qué no nos preguntamos si estaríamos dispuestos a renunciar a nuestro apellido, a la misma lengua con la que nos comunicamos en todo el país (de manera extensiva, hasta la Patagonia), a la estructura greco-romana de nuestro pensamiento, a la moral —buena o mala— judeocristiana que nos universaliza?

¿Renunciar a los boleros, a la charrería, a la guitarra de las serenatas, a las carnitas de puerco, al chorizo, a la barbacoa, al pan y la cebolla, al ajo y el vinagre, a nuestro imprescindible limón, al jugo de la naranja, al olor del orégano, a la alegría del vino, o al piropo que sublimamos en el albur?

¿Renunciaríamos a todo eso por tratarse de la herencia hispánica? Hagamos conciencia: sin todas esas aportaciones, el mexicano de hoy no sería tal. Toda esa mexicanidad (tan mexicana...) es la hija mayor de la españolidad.

Si le agregamos el chile y el aguacate, la tortilla de maíz, el jitomate y el chocolate (aportación al mundo); si decimos «órale», si cuando niños volamos un papalote, si tenemos un cuate del alma aunque sea un «hijo de la chingada», si apapachamos a nuestro viejos, si utilizamos el intemporal adverbio «ahorita», entonces somos mexica nos. Para seguir conservando nuestra identidad en plenitud, necesitamos festejar todas nuestras características. Nadie sería «alguien» sin la aportación de los otros, de ida y vuelta.

Las aportaciones mexicanas al mundo también han sido enormes, como ocurre con el maíz. ¡Qué sería de la pasta italiana sin el pomodoro (tomate) originario de México! ¿Qué sería de la catsup china? La base secreta de muchas salsas francesas se hace con vuitlacoch (huitlacoche) mexicano, que se exporta en lata y que el cocinero ingenioso de algún pueblo innovó en París[39].

En España no habría churros sin nuestro chocolate. La fabada asturiana es más americana que asturiana, pues la materia prima, las fabes, provienen de Mesoamérica. Un tipo de pimentón, el más sabroso y usado, no es más que nuestro chile molido de segunda generación, que se endulza porque extraña su tierra brava. ¿Quién canta mejor el bolero español, popularizado primero en Cuba, sino el mexicano?

En tierra española no responden «chipote con sangre...». En México cantamos «De la Sierra Morena, cielito lindo...». ¡No contaban con nuestra astucia! Aunque la Sierra Morena

---

[39] Nota. Aclaraciones para comprender varios aspectos mencionados en las páginas anteriores:
- Carnitas de puerco: platillo hecho con carne de cerdo, sazonada con hierbas y especias, frita en manteca, que usualmente se come en tacos.
- Jitomate: tomate rojo. Del náhuatl *xictomatl*; literalmente, «fruto con ombligo»
- *Órale*: interjección del español mexicano que generalmente denota aprobación. Similar al *épale* peninsular.
- Papalote: cometa. Del náhuatl *papalotl*, «mariposa».
- Apapachar: verbo mexicano que describe la acción de abrazar suavemente o expresar afecto por medio del contacto físico. Del verbo nahua *papatzoa*, cuyo significado es «apretar».
- Huitlacoche: hongo que crece en la planta del maíz y se consume en México. En otros sitios se considera una plaga.

San Miguel de Allende, Guanajuato, una muestra de la arquitectura colonial novohispana. Los coloridos muros, muy mexicanos, recuerdan también a España, e incluso evocan notablemente la arquitectura marroquí, de donde proviene tanta influencia.

esté en España, la canción es mexicana. Y Granada es de Agustín Lara y Madrid Madrid también.

En toda Hispanoamérica las canciones compuestas en México son himno. Nuestra comida está en sus mesas, y el cine de oro y las telenovelas, en sus casas. En Alemania, Turquía o Japón, gracias a Consuelito Velázquez, se besan mucho (otra manera de conquistar). Conquistados somos todos.

Las principales ciudades en México son virreinales: Guanajuato, Zacatecas, Durango, San Miguel de Allende, Querétaro, Mérida, Campeche, Oaxaca, Taxco… También lo son los hermosísimos pueblos de sencilla arquitectura vernácula (que estamos degradando).

La arquitectura colonial mexicana, cuya inspiración proviene del sur de España, en realidad se origina más abajo; es africana. En Marruecos se ven por primera vez los sencillos muros de deslavados colores. Las tonalidades de allá son reflejos; los de México, vivos colores.

Una muestra de la arquitectura de Luis Barragán.

Los colores usados por el arquitecto Luis Barragán y sus seguidores son los más hermosos del planeta. Ahora, los herederos americanos de la tradición arquitectónica magrebí son quienes construyen hoteles, casas y palacios en los paisajes de esa tierra tan parecida a México. Los arquitectos Ricardo y Víctor Legorreta (padre e hijo), el hispano-mexicano José Luis Ezquerra, Antonio Farré y otros han regresado en arquitectura lo que recibieron en influencia subconsciente. Conquistados somos todos[40].

---

[40] Aclaraciones para comprender varios aspectos mencionados en la página anterior:
- Las frases *No respondo chipote con sangre* y *No contaban con mi astucia* (que el autor convierte en un juego de palabras para referirse a «nuestra astucia» mexicana) se popularizaron en el programa cómico *El chavo del ocho*, muy reconocido en Hispanoamérica. La primera sugiere no hacerse responsable por el daño que se causa a alguien. En México se conoce como chipote (del náhuatl *xixipochtic*, «hinchado») a lo que en otros sitios se denomina chichón.
- *Cielito Lindo* es una canción compuesta a finales del siglo XIX por Quirino Mendoza y Cortés, con la cual se identifica la mexicanidad en el resto del mundo.
- *Granada* y *Madrid Madrid* son canciones compuestas por el músico Agustín Lara.
- Consuelo Velázquez fue la compositora del bolero *Bésame Mucho*, al que el autor hace alusión de manera indirecta.

Concluyamos, de manera optimista, que aun los mestizajes más contradictorios pueden resolverse de forma benéfica siempre que el factor espiritual, como sugiere José Vasconcelos, contribuya a levantarlos. En tal ámbito, el espiritual, nos podemos identificar todos. Cuidemos el ánimo.

México no es grande a pesar de su diversidad contradictoria, sino gracias a ella. Es hora de suplantar el disyuntivo «o» por el conjuntivo «y»: ellos y nosotros. Somos los mexicanos, como ningún otro habitante del planeta, seres duales, irónicos y melancólicos, tiernos y canijos, machos y sumisos, buenos y malos, como la naturaleza.

Para que entendamos más fácilmente lo que somos, descubramos conscientemente, en los iconos populares, nuestra esencia mestiza integrada, como ejemplo de lo atractivo que podemos ser. Si aceptamos la síntesis tal como es, el nuestro se convertirá en un país con el carisma del actor Pedro Infante. Tendremos la gracia de nuestro querido Cantinflas, quien, siendo más Sancho, no deja de ser Quijote. Podremos vernos a través de los colores del artista Rufino Tamayo, volar con las tonalidades del pintor Francisco Toledo, sentir como el compositor de género ranchero José Alfredo Jiménez, vibrar con

Pedro Infante. El charro mexicano tiene reminiscencias españolas, ya sean del originario de Salamanca o del jinete extremeño.

el compositor de música clásica José Pablo Moncayo, escribir como Juan Rulfo, esculpir con el talento de Javier Marín o pintar con la personalidad de Frida Kahlo y la genialidad de Rafael Cauduro.

Frida Kahlo, poderoso icono internacional femenino,
más allá de su talento como pintora.

La familia. Rufino Tamayo. Fue un pintor oaxaqueño, precursor de la escuela del mismo nombre. Sus técnicas y colores distinguen el arte moderno mexicano en todo el mundo.

Francisco Toledo, uno de los mejores artistas plásticos de México, con amplio reconocimiento internacional.

Mario Moreno «Cantinflas». Pocos personajes reflejan el temperamento ambiguo y contradictorio, pero fuertemente cálido, del mexicano. Entre la tragedia y el humor, el actor nos dice todo sin decir nada. Siendo más Sancho, es también Quijote.

El escultor Javier Marín expone, con contundencia plástica, todas las influencias artísticas que recibe de sus maestros subconscientes. Sus obras monumentales han impactado en decenas de ciudades alrededor del mundo.

Poeta y Premio Nobel de Literatura, Octavio Paz estudió a profundidad la conformación del carácter del mexicano.

Juan Rulfo, escritor de la novela Pedro Páramo. Decía que en Comala «hace tanto calor que la gente cuando se muere y se va al infierno, regresa por su cobija».

La descarada, Rafael Cauduro.

Rafael Cauduro es a la pintura lo que Juan Rulfo a la literatura,
un precursor del realismo mágico.

Concluyendo

Lo importante hoy ya no es reconocer a Cortés, sino que nosotros nos reconozcamos en él. No es necesario atribuirle ser el padre de la nación, porque ya lo es, sino cobrar conciencia de esa parte ascendente que negamos. Los mexicanos no debemos salir en su defensa, él ya no está en juicio, todos sus enemigos reales están muertos. Debemos interponer en segunda instancia la revisión de nosotros mismos y exigirnos esta vez una sentencia justa, equilibrada y conciliadora. Pena de muerte a nuestras ideas falsas y atavismos psicológicos. No busquemos justicia para un personaje, seamos justos con nosotros mismos para cambiar la historia.

Los hechos están dados, no hay manera de variarlos. Lo que se puede transformar es la versión de estos y de nosotros mismos.

Ser o no ser. Hasta hoy, la máxima shakesperiana ha encontrado en nosotros lo segundo. Nuestro empeño de pertenecer a lo irreal nos ubica, más bien, en la disyuntiva de querer saber o no saber. En concordancia con nuestro proceder histórico, en nuestra lógica, hemos suplantado del escudo nacional el águila, rey de los cielos, por la avestruz que esconde la cabeza en el suelo para no ver, pretendiendo, al mismo tiempo, volver invisible su enorme cuerpo.

En alguna medida, como nos sucedía en nuestra era prehispánica, seguimos identificándonos con el inconsciente. Antes lo hacíamos a través de la figura de los dioses; hoy, de nuestras negaciones. Confundimos mito con realidad. «La realidad del mito es la irrealidad del país», reza otro aforismo de Carlos Monsiváis.

Lloramos nuestra historia como si rebanáramos una cebolla. Cuando a Cortés le quitemos las capas de las ideologías: la indigenista, la del símbolo separatista, la del independentista, la del extranjero invasor y cruel, la de la leyenda negra, o la de nuestros prejuicios formados por lo que impide ver la grandeza de Malinalli y todo el cúmulo de virtudes que aporta en fusión con lo español al espíritu mexicano, entonces tendremos al personaje histórico real, el que resulta benéfico para construir un mejor criterio.

No arrastremos al tercer milenio las concepciones erróneas del anterior. España no siempre aceptará las culpas históricas que se le han atribuido; como nación, tiene los argumentos suficientes para demostrar lo contrario. Quienes se encargaron principalmente de construirle esa mala fama a España, los ingleses, ya no tienen interés en perpetuar la leyenda negra. En tal sentido, cabe reconocer que se trata solo de eso, una leyenda. Ahora ellos mismos destacan, mediante investigaciones serias, las más profundas y documentadas, las hazañas y los méritos de aquellos conquistadores muy bravos, pero creadores de cultura.

Por eso es necesario que en la propia España desaparezcan los estigmas que el mismo hispano ha conservado. Si se les sigue dando valor, si se continúa identificando la Conquista de América con ciertas ideologías, los juicios se aferrarán, como lo han hecho, de la mano de retrógrados psicológicos que los sacarán del ropero de la historia cada vez que deban señalar, culpar o responsabilizar a alguien de los problemas que ellos no son capaces de solucionar.

Que no nos sorprenda a los mexicanos este nuevo milenio con pensamientos llenos de ideas viciadas, que a nadie sirven, salvo a algunos oportunistas de la ignorancia. Ellos tienen objetivos de poder de corto plazo, aunque dejarán secuelas de largo alcance temporal. Esa es la razón por la cual todavía hay una parte de México que exige disculpas a España sin saber que ellos son «la otra» España.

No nos confundamos, el enemigo del México civilizado son los propios mexicanos, así lo señalaba ya Jesús Guisa y Azevedo hace 80 años, recuerda Carlos Sola Ayape en su estupendo análisis sobre el pensamiento del hispanista guanajuatense.

Por eso la importancia de forjar una personalidad nacional a prueba de «bárbaros» que en aquella época lo eran el liberalismo excesivo, el comunismo y el fascismo. Hoy los bárbaros (están desatados y hasta gobiernan) son todos aquellos que no comprenden lo que somos y siguen en la batalla del Sitio de Tenochtitlán sin aprender que cada piedra que tiran de un lado, la reciben ellos mismos del otro.

Que los mexicanos contemos con los elementos de juicio para evitar que alguien pueda sostener ideologías que dañen a la mayoría pero beneficien a unos cuantos (la pasión ideológica es en los idiotas una enfermedad del espíritu que pertenece a todos los tiempos).

Que nos posicionemos, en el presente, conscientes de nuestro verdadero pasado y que trascendamos libres al futuro.

Que superemos de una vez la sensación de ser el país saqueado por España. Los pueblos indígenas se saquearon entre sí durante siglos, en detrimento del todo, y ello ni siquiera se menciona. Ojalá quede atrás la versión callejera del oro y la plata enviada a la metrópoli peninsular. Toda esa riqueza, extraída en el pasado, hoy no hace más pobre a México. Lo que sí nos mantiene vulnerables es la falta de asimilación de lo que somos por no entender lo que hemos sido.

Ahora que estamos saliendo de tiempos de pandemia, es oportuno hablar de vacunas contra virus de nacionalismos mal entendidos que ya son anacrónicos, y contra entusiasmos ideológicos que son epidémicos porque se localizan solo en los feudos de mentes cortas, que se creían extintos, pero continúan vigentes.

Rescatémonos con lo mejor que tenemos y no solo aceptemos lo ya establecido, porque se acepta lo inevitable; entendámonos objetivamente para tener claro por qué debemos estar orgullosos, hay materia para estarlo.

La palabra idónea que se me viene a la mente es descubrir, quitar la cubierta, la percepción equivocada, y dejar lo importante: lo que representa el personaje. Será necesario recuperar el símbolo que sea útil a la formación de nuestros estudiantes y a los intereses nacionales.

Tal vez, Cortés no alcanzó a ser consciente de todo lo que legó. Eso pasa a menudo en la historia y en la vida misma... somos parte de las dos. Pero nosotros vaya que sabemos —o debemos saber— lo que significa. El ente social que desconoce o niega su origen transita por la vida sin dificultad; no obstante, deambula en ella con una inquietud, intuye una ausencia, denota una angustia. Llega el día en que esa afección se vuelve una necesidad imperativa de sanar. Vivimos así, lo manifestamos en todas nuestras celebraciones, pero no nos preguntamos cuál es el principio de ese sentimiento vacío. Somos el enfermo crónico, acostumbrado al estado catatónico y codependiente de nuestros errores.

¿Cómo recuperar, ahora que nos urge la realidad, el camino de la salud y la buena crianza? Descubriendo quiénes somos, por qué y gracias a quiénes.

En el imaginario colectivo, Hernán Cortés todavía es una interpretación mexicana de todo lo que queremos ser, no somos, o podríamos ser. Un instrumento ideológico al que debemos despojar de todos sus demonios psicológicos, «exorcizarlo» diría Octavio Paz, para recuperar al personaje histórico, el más importante y útil que tenemos.

Insiste Harari en que la cooperación humana a gran escala se basa en mitos, pero que la manera en que la gente coopera puede ser alterada si se cambian los mitos contando narraciones diferentes. Para eliminar un mito se debe atacar la ideología que lo creó, dice Paz, un mundo de posibilidades, en el que se puede descubrir a otras personas y otras explicaciones. Urge cambiar los mitos nuestros de cada día y sustituirlos por otros positivos y victoriosos si queremos estar en este plano o leer correctamente nuestra realidad histórica e identificarnos con ella. Es decir, el mito (negativo) seguirá siendo realidad mientras no se concientice.

No es difícil defender a un personaje como Cortés y conocer las consecuencias positivas de la Conquista, solamente necesitamos adentrarnos en la investigación histórica. Lo que es difícil, esfuerzo a contracorriente, es luchar contra el mito creado, contra la versión enquistada en nuestra psique. No se necesita ser valiente para defenderlo. Se necesita conciencia, sentirse incómodo en la irrealidad. Se requiere ansia de conocer la verdad y reinterpretar(nos) los hechos para modificar la forma de vernos. La versión que tenemos de nuestra cultura no nos ayuda; por el contrario, nos divide y degrada.

Lo que me gustaría reafirmar aquí no es solo lo imperativo de recuperar y valorar correctamente un hecho histórico y el legado de un hombre y sus efectos en un país, sino la importancia de hacerlo para fortalecer y develar la esencia de lo que somos y necesitamos ser, para posicionarnos con seguridad y con todo nuestro potencial en el mundo. México es la gran nación de la hispanidad y no somos conscientes de ello. Nuestro «nacionalismo» mal entendido nos ha alejado de nuestra Nación.

Queremos un gobierno serio, un país fuerte y una sociedad congruente y libre, cuando practicamos, en muchos sentidos, lo contrario. En nuestros contenidos informativos se ve, se oye y se lee constantemente la apología de la debilidad. ¿Hasta cuándo apoyaremos el culto al fracaso y a la corrupción?

Tolerar la mentira y la simulación, hoy en las más altas esferas –en la más alta– sostenerlas sin reclamarlas ni evidenciarlas, es una de las formas más dañinas de corrupción porque tergiversa el entendimiento. La autoridad y los medios no tienen la capacidad de identificar el problema y corregirlo. Las soluciones tienen que surgir al revés: la sociedad debe imponer la forma de pensar y la manera en que anhela ser tratada.

En México la clase política, los dueños de los medios masivos de comunicación y las dirigencias sindicales están totalmente erosionados. Los «representantes populares», es decir, el Poder Legislativo (diputados y senadores), salvo algunos de sus miembros, en conjunto, son incapaces de ver más allá de sus intereses y, cuando legislan a favor de la colectividad, es para preservar su particularidad. La corrosión y deficiencias del Poder Judicial son la fuente principal de la impunidad, que es el principio y fin de muchas de nuestras desgracias. Por eso, la reivindicación vendrá en sentido contrario.

La sociedad civil, lo vemos en la reacción ante las tragedias, descubre en la adversidad su lado luminoso, solidario, compasivo; se engrandece. Los jóvenes, a quienes tanto se cuestiona, nos aleccionan en su capacidad de organización horizontal, sin protagonismos. Ellos revelan sus ganas de triunfo común, su veta victoriosa y muestran que juntos somos conquistadores del siglo XXI. Para ellos no hay vencidos, se confunden las clases. Es una nueva manera de pensar.

Estas nuevas generaciones empezarán a buscar por ausencia y sacarán a la luz aquéllos con los que se quieren identificar, no como personajes, sino como referentes, como símbolos, y dejarán de ver la historia con la visión retroactiva que proyecta los conflictos de hoy en supuestos orígenes del pasado.

Sin embargo, hay mucho que resarcir para redimir nuestras equivocaciones como nación. Debemos ubicar el problema y conocer las consecuencias que ha tenido. Es casi una emergencia nacional. Acudamos a la historia comparada. Saquemos el problema a la luz y hagamos conciencia de la necesidad de corrección. Implantemos campañas mediáticas, muy sutiles y bien diseñadas, en las que intervengan historiadores de la verdad, intelectuales y psicólogos que empiecen a reparar la percepción de afuera hacia dentro.

Con la misma intensidad con la cual resaltamos las virtudes prehispánicas, cabe reconocer las hispanas en nuestros libros de texto. La invitación es a educar a los educadores haciéndoles ver que esa parte que niegan es también parte de ellos. Vale la pena romper el círculo vicioso que se puede prolongar por siglos perpetuando realidades equivocadas. La mentira llama a la mentira, la ignorancia perpetúa la ignorancia, pero también la correcta educación procura conocimiento y verdad.

Enseñemos que a los personajes históricos los debemos juzgar por sus resultados, aportaciones a la nación, por lo que lograron y el carácter que desplegaron para conseguirlo, y no por sus buenas intenciones ni por la forma en que murieron. A un pueblo se le conoce por la calidad de sus héroes, por las personas que admira. Si seguimos haciendo la apología de los que no lograron nada (o muy poco), y no sacamos a la luz pública a los que sí lo hicieron, habituamos a los ciudadanos a que lo importante es el intento, mas no el resultado.

Si no acostumbramos a los nuestros a identificarse con la victoria y el esfuerzo, el riesgo que se avizora, y ya es una realidad, es el fortalecimiento de la noción del estado de debilidad y vulnerabilidad del pueblo. De esa forma, aparece un salvador que lo proteja, ayude y salve de su condición, y al mismo tiempo se asegure de mantenerlo así, para seguir salvándolo indefinidamente. Tal paternalismo resulta gravísimo si consideramos las consecuencias a mediano plazo para el pueblo que se pretende ayudar. Si la gente se asume históricamente derrotada, llegan redentores y señalan a conquistadores contemporáneos tan «viles» como los de siempre para tener alguien a quien responsabilizar de los males generales que solo unos pueden combatir. Se oye ingenuo. Es perverso.

Aclaremos que hoy ya no somos la tesis de los vencidos o la antítesis del vencedor, sino la síntesis del mexicano resultante que mira para adelante. Destaquemos el valor de lo mestizo, de sus principales cualidades y celebridades históricas sobresalientes.

Pongamos de moda el Yo victorioso, es decir, tomemos medidas a fin de mejorar nuestra mentalidad. Cobremos conciencia de tener conciencia histórica —que valga la redundancia—, aprovechemos sus ventajas y estemos alerta. Habrá fuerzas pletóricas de ignorancia que apelarán a nuestras diferencias para dividirnos, porque en la división encuentran la forma de manipular los sentimientos que llevamos cinco siglos asumiendo.

La insistencia de regresar el tema al debate no es gratuita. Aunque despierte la pasión o predisponga al rechazo, el

En la placa explicativa de la Plaza de las Tres Culturas, en Tlatelolco, Ciudad de México, se lee el siguiente resumen, autoría de Jaime Torres Bodet: «El 13 de agosto de 1521, heroicamente defendido por Cuauhtémoc, cayó Tlaltelolco en poder de Hernán Cortés; no fue triunfo ni derrota, fue el doloroso nacimiento del pueblo mestizo que es el México de hoy». El fragmento es una síntesis hermosa de la realidad mexicana.

conocimiento del legado cortesiano no nos mantendrá en la apatía. Pocos gestos de inteligencia universal y reconciliación nacional se dan en México, por eso quiero recordar aquí las palabras que figuran en la placa de la Plaza de las Tres Culturas –indígena, española y mexicana– de Jaime Torres Bodet[41]: «El 13 de agosto de 1521, heroicamente defendido por Cuauhtémoc, cayó Tlaltelolco en poder de Hernán Cortés; no fue triunfo ni derrota, fue el doloroso nacimiento del pueblo mestizo que es el México de hoy».

Entonces me equivoco. Sí existe un monumento que valga la pena visitar y es este, un monumento al «pensamiento-síntesis» que debemos difundir. Hay esperanza.

---

[41] Jaime Torres Bodet fue un escritor, funcionario público, diplomático y poeta mexicano. Fungió como Secretario de Educación Pública de 1946 a 1948, y de 1958 a 1964.

Corolario

A los mexicanos:

No nos queda otra, somos esto que somos. Pirámide y catedral, chile y aceite de oliva, vino tinto y chocolate. No necesitamos sacrificios humanos ni dioses crucificados, somos Cristo e Ixchel. Queremos hombres y mujeres que entiendan de dónde vienen para saber quiénes son y seguir adelante con orgullo y dignidad.

Somos decenas de siglos de cultura, fruto de dos vertientes, que se manifiestan en nuestras construcciones, miles de testimonios que hablan del refinamiento y avances de la ciencia prehispánica plasmados en edificios. Somos los conventos coloniales, pletóricos de luz y generosos en espacio, que cuando se recorren como en procesión, permiten confirmar que las mejores ideas afloran caminando. Somos el mexicano que necesita salir de su patria para conocer, en otras, su país.

¿Cuándo cobraremos conciencia de nuestra raza como ente social capaz de grandes cosas? Mi hipótesis (una tesis solo), es que no se dará en territorio nacional. Tendremos que lograrlo fuera, como lo hizo España.

Con nuestra patria latinoamericana ya extendida, somos la «minoría» más grande en Norteamérica, y seguiremos creciendo. Continuamos conquistando espacios culturales, políticos y económicos, no sin recelo de la mayoría. Ya reclaman un papel protagónico en la toma de decisiones y se enfrentarán pronto a su principal adversario: la poderosa fracción blanca conservadora no católica. Este grupo le preguntará a los latinos: ¿con qué derecho pretenden gobernar y decidir en esta gran nación?, ¿quiénes son ustedes? Por primera vez los nuestros, hablando desde su condición, tendrán que voltear a sus antepasados, a todos, y reconocer figuras victoriosas y representativas de su cultura, mismas que puedan hacer frente –moralmente hablando– a sus orgullosos opositores.

Somos los descendientes de Hernán Cortés y de los príncipes americanos. Somos hispanoamericanos y estamos perfectamente capacitados para gobernar la Unión Americana en la que también nacimos.

Descendemos de quien hace 500 años descubrió, exploró y colonizó esta tierra; quien trajo los primeros cultivos, enterró semillas y con sudor recogió la abundancia de su suelo; quien llevó los caballos famosos de las praderas americanas, en cuyos lomos conocimos esta inmensidad que fue novohispana. Desde puertos mexicanos y en naves mexicanas, exploramos por primera vez Alaska.

Somos nietos de quien levantó las primeras construcciones de Estados Unidos y las misiones con las que se civilizó la tierra americana, quien exigió y promulgó leyes para la protección de los naturales, quien fomentó la correcta convivencia entre las distintas razas y el primero que proyectó la grandeza del continente, cuyos beneficiarios hemos sido todos los norteamericanos.

Somos descendientes de Nezahualcóyotl, el poeta-ingeniero que logró contener con diques los lagos del Anáhuac, y de Hernando Cortés, quien imaginó el canal que uniría el océano Atlántico con el Pacífico y que, siglos después, concluirían exitosamente ingenieros y empresarios norteamericanos en Panamá.

Tres siglos antes de que Darwin propusiera crear parques zoológicos, Moctezuma ya tenía organizado uno imponente, el primer precedente de los modernos. Nuestros ancestros tlatelolcas organizaron el mercado de mercancías más grande y diverso de su época, en el que todos podían comprar y sin dinero, pues operaba el trueque.

Uno de los que fuimos, el soldado Ignacio de Loyola, organizó un ejército de educadores que hasta hoy dirigen las universidades en las que se forman millones de estudiantes, entre estos, presidentes de la Unión Americana. Diego de Ordaz y sus compañeros fueron capaces de realizar la proeza de subir, y en alpargatas, el Popocatépetl, volcán activo de 5.452 metros de altitud.

Venimos de quienes ejercieron una medicina tan avanzada y del conquistador conquistado que le sugiere a su monarca no mandar médicos de Europa porque los sabios de esta tierra curan mejor con las plantas de su suelo. Cuando un lejano abuelo nuestro, árabe, inventó el cero, nuestra abuela maya ya lo conocía. Mil años antes de que el primer astronauta pisara la luna, nosotros ya comprendíamos el cosmos desde el observatorio de Chichén Itzá.

En nuestros tatas Moctezuma y Cuauhtémoc reconocemos a héroes porque asumieron su destino; entendemos el drama de su fe, por eso no los explicamos, los sentimos. Tenemos la inteligencia de nuestras abuelas Malintzin e Isabel Moctezuma Tecuichpo, para asimilar las culturas nuevas y también su carácter para defender lo que consideramos debemos preservar.

Nuestros antepasados construyeron los primeros puertos del continente y organizaron sus astilleros, mientras en lo que hoy es Nueva York, lo dijo don Pepe Iturriaga, pastaban los búfalos, mientras los piratas, abuelos de muchos de nuestros conciudadanos de este bendito país, quienes burlaban la ley que hoy imponen, robaban y quemaban los barcos del mar y las ciudades de la costa. Cuando todo eso sucedía, ellos no desfallecían sino organizaban nuevas empresas, las empresas precursoras de este subcontinente, donde hoy se desarrollan las más importantes del mundo, en los lugares que nuestros mayores bautizaron como San Francisco, San Bernardino, San Diego o Los Ángeles.

Hace siglos fuimos los primeros en construir murallas en el continente para proteger del pillaje nuestras ciudades y evitar la violación de nuestras mujeres. Las puertas estuvieron abiertas siempre para el que buscaba progreso o demandaba protección. No obstante, sabemos que hoy un émulo capilar de Barbarroja, aunque descolorido, tendía muros para impedir el ejercicio del derecho más digno: el trabajo. ¿Sabrá ese político necio que la diversidad racial era una realidad aun antes de pensarse su nación? Los Ángeles fue fundada por 22 adultos, de los que solo uno era español. El resto eran indígenas, negros, mulatos y criollos, recuerda Jesús Torrecilla.

Somos conscientes de lo que fuimos, de dónde vinimos. Conocemos nuestra esencia y su aportación a esta unión; no suplicamos respeto porque este se infunde, se gana y, en todo caso se exige. Sabemos quiénes somos y estamos orgullosos de serlo. Se nos acepta en esta tierra de forma natural; antes de apelar a la norma legal para estar aquí, ya teníamos los argumentos morales para demandarla, porque nuestro abuelo fue el primero que arriesgó aquí, invirtió y sembró. Provenimos de quien tuvo la voluntad inicial de llegar y llegó. Tenemos el derecho original de vivir aquí, y aunque a veces no hayamos sabido defender esta tierra, es tan nuestra como del resto de los norteamericanos, y juntos la seguiremos haciendo grande.

Esta certeza psicológica, atrofiada por centurias, se derramará entonces al sur, al país de origen, a México, donde empezará una nueva era de pensamiento conciliado.

Glosario de personajes

AGUILAR, JERÓNIMO DE
SEVILLA, 1489 – NUEVA ESPAÑA, 1531

Acompañante en la expedición de Vasco Núñez de Balboa, naufragó cerca de la actual Jamaica en 1511. Lo capturaron en las costas mexicanas los mayas de la península de Yucatán. Fue rescatado por Hernán Cortés e intentó persuadir a Gonzalo Guerrero, el otro náufrago español, de que luchara con los suyos. De Aguilar fungió como intérprete de Hernán Cortés junto con Malintzin. Él traducía el español al maya, y ella, del maya al náhuatl.

ALDRETE, JULIÁN
VALLADOLID, 1490 – CIUDAD DE MÉXICO, 1525

Destacado en la actividad militar y bélica, fungió como tesorero real durante la conquista de México. Llegó a América en 1521 y asesoró en tareas logísticas a Hernán Cortés. Se vio envuelto en distintas rencillas con otros conquistadores por el reparto del botín de guerra que se habían procurado.

ANTONIO CORDERO

ALVA CORTÉS IXTLILXÓCHITL (FLOR DE ROSTRO ENNEGRECIDO), FERNANDO DE
TEXCOCO, 1568 – CIUDAD DE MÉXICO, 1648

Historiador y cronista novohispano, escribió la *Relación histórica de la nación tulteca* y la *Historia chichimeca*, su obra más reconocida. Descendía directamente del último tlatoani de Texcoco, por lo que su tatarabuelo era Nezahualcóyotl. Formó parte de la matrícula del Colegio de la Santa Cruz de Tlatelolco, y su familia fue declarada noble, distinción que le valió recibir un pequeño señorío.

ALVARADO TEZOZOMOC, FERNANDO
TENOCHTITLÁN, CA. 1520 – IBÍDEM, 1610

Descendiente de emperadores aztecas por ambas líneas familiares, el virrey Antonio de Mendoza le concedió el título de gobernador de México, el cual detentó durante dos años. Su padre era el tlatoani de Ecatepec. Gracias a su posición entre la nobleza, pudo acceder a la educación y cultura de los conquistadores. Aprendió la escritura alfabética del náhuatl y redactó, entre otros trabajos, la *Crónica Mexicana*, que comprende el linaje, guerras, sacrificios, elementos mitológicos y creencias del año 1064 hasta la integración del virreinato, y la Crónica Mexicáyotl.

ALVARADO Y CONTRERAS, PEDRO DE
CASTILLA, 1485 – NUEVA ESPAÑA, 1541

Conquistador que participó en la exploración del Golfo de México y las costas de Yucatán, así como en la toma de Cuba. Se encargó de parte del control del virreinato en los territorios mayas de los actuales Guatemala, El Salvador y Honduras. Se le recuerda por haber sido quien inició el episodio histórico

224

conocido como la Matanza del Templo Mayor, en el que, ante la ausencia de Hernán Cortés y durante el festejo de Tóxcatl («cosa seca», falta de agua»), ordenara la aniquilación de cientos de mexicas. Eso culminaría con la expulsión de los conquistadores y su derrota, episodio histórico conocido como la Noche Triste.

AHUIZÓTL (ESPINAS DE RÍO)
TENOCHTITLÁN, CA. 1446 – IBÍDEM, 1502

Fue el octavo huey tlatoani («gran gobernante») de los mexicas, de 1486 a 1502. Destacado por sus estrategias militares, logró que su pueblo dominara gran parte del territorio que pertenecía a otras culturas, desde el Golfo de México hasta el océano Pacífico. Durante su reinado, inauguró el famoso Templo Mayor. Le sucedería Moctezuma Xocoyotzin.

BENAVENTE (MOTOLINÍA), TORIBIO DE
ESPAÑA, 1492 – CIUDAD DE MÉXICO, 1569

Administrador del Convento de San Francisco, Ciudad de México, fue un misionero franciscano cuya principal labor fue encomendarse a la evangelización de los indígenas. Escribió sobre las costumbres y prácticas de los locales, lo que le valió la condena de fray Bartolomé de las Casas, sobre todo en relación con la aplicación de las Leyes de Burgos. Estos documentos contenían algunas ordenanzas para el buen trato a los indígenas, mismas que habían sido firmadas por la monarquía hispánica y entre las cuales se encontraba la abolición de la esclavitud.

BOADBIL / BOADBIL «EL CHICO» / MUHAMMAD XII
GRANADA, 1459 – MARRUECOS, 1533

Fue el último sultán del reino de Granada, luego de destronar a su padre. Perdió la Alhambra a manos de los cristianos. Algún tiempo después, recuperó Córdoba y, a través de convenios con los reyes católicos, cedió esta; a cambio recibió un principado en la zona oriental. Siguiendo sus intereses y pacto con la Corona, intentó convencer a los ciudadanos musulmanes para que se rindieran durante la Toma de Málaga.

CARLOS I DE ESPAÑA
Y V DEL SACRO IMPERIO ROMANO GERMÁNICO.
FLANDES, 1500 – EXTREMADURA, 1558

Hijo de Felipe I «el Hermoso» y Juana I de Castilla, gobernó junto con ella de forma conjunta. Años después, debido a la enfermedad de su madre, su abuelo, Fernando II de Aragón, lo nombró gobernador y administrador de los reinos de Castilla y León. Reinó en los distintos territorios pertenecientes a su familia, aunque de forma no continua, de 1516-1558. Durante su administración, se llevó a cabo la conquista de Tenochtitlán, el control del territorio maya de la Península de Yucatán, la formación del Virreinato de Perú, la fundación del Nuevo Reino de Granada (Colombia) y el dominio español en Filipinas y las Islas Marianas, entre otros logros.

CIPAC DE AQUINO, MARCOS
TENOCHTITLÁN, 1517 – IBÍDEM. 1572

Se cree que fue un pintor indígena cuyas obras se habrían realizado durante la época de la Conquista. Aunque Bernal Díaz del Castillo habla en su Historia verdadera sobre un Marcos de Aquino, su existencia es cuestionada y se le desliga de

Marcos Cipac; se trataría, supuestamente, de dos personajes distintos. Cobró relevancia por haberle sido atribuida la realización de la imagen de la Virgen de Guadalupe, hecho no comprobado.

ZÚÑIGA DE CORTÉS, JUANA
SORIA, ¿? – SEVILLA, 1559

Hija del segundo conde de Aguilar de Inestrillas y de la hermana del primer duque de Béjar, destacó por ser una mujer decidida, quien tomó la iniciativa de acercarse a Hernán Cortés para ganar el favor de la Corona hacia este. En realidad, se cree que lo único que ambicionaba era la fortuna que podría representar su unión con el conquistador. Se le conoce como la «esposa sevillana de Cortés». Fue ella quien decidió que el Palacio de Cortés se construyera en la ciudad de Cuernavaca. Su título nobiliario sirvió para designar una zona boscosa cercana a la Ciudad de México, la cual funge hasta hoy como destino turístico de fin de semana: La Marquesa. Tuvo varios hijos con el conquistador, entre ellos el sucesor del marquesado, Martín Cortés Zúñiga.

CORTÉS MALINTZIN, MARTÍN
COYOACÁN, ¿1524? – MADRID, 1595

Hijo de Hernán Cortés y la Malinche, fue declarado legítimo por bula papal en 1528. Fue entregado al cuidado de Juan Altamirano. Se le conoció como «el Mestizo» para diferenciarlo de su medio hermano, Martín Cortés Zúñiga, hijo de Juana Cortés de Zúñiga. Ambos se interpusieron al cumplimiento de las Nuevas Leyes que prohibían a los españoles heredar sus tierras, lo cual los habría afectado. En estas revueltas, se vieron envueltos tres hijos de Cortés, a quienes se desterró a España y se exoneró algunos años después.

CUAUHTÉMOC (EL ÁGUILA QUE DESCENDIÓ)
TENOCHTITLÁN, 1496 – HIBUERAS, 1525

Desempeñó el puesto de tlatoani de Tenochtitlán antes de que fuese tomada indefinidamente la ciudad por los españoles. En 1520 había asumido dicho puesto, pero el territorio se encontraba muy afectado por el hambre, la peste y la falta de agua. Había fungido como jefe de armas durante el reinado de Moctezuma Xocoyotzin, su primo. Tras la toma de la ciudad por parte de los españoles, se dice que Cuauhtémoc pidió a Cortés dar fin a su vida, pero este decidió indultarlo para que lo ayudara a persuadir a la población tenochca de reconstruir la ciudad. Es una figura emblemática para la cultura mexicana debido a la tortura que soportó y por haber encarnado al último emperador azteca.

CUITLÁHUAC (EL QUE HA SIDO ENCARGADO DE ALGO)
TENOCHTITLÁN, 1476 – IBÍDEM, 1520

Hermano de Moctezuma, fue el penúltimo tlatoani de Tenochtitlán luego de la muerte de este. Había fungido como señor de Iztapalapa, una parte del sistema de poblaciones que servían y apoyaban a la gran ciudad en su defensa y provisión alimentaria. Encabezó el ataque y las estrategias militares contra los españoles durante la famosa batalla que culminaría en la expulsión de estos, conocida como la Noche Triste. Su gobierno duró únicamente 80 días, pues fue atacado por la viruela. Le sucedió Cuauhtémoc.

DÍAZ DEL CASTILLO, BERNAL
MEDINA DEL CAMPO, 1496 – GUATEMALA, 1584

Fue un conquistador español que participó en diferentes expediciones, entre ellas a Cuba, la península de Yucatán, Guatemala y el propio territorio azteca. Tenía 20 años cuando viajó por primera vez a América. Apoyó empresas de Hernán Cortés, Pedro de Alvarado, Pedro Arias Dávila, entre otros personajes. Su contribución más destacada es haber escrito la *Historia verdadera de la conquista de la Nueva España*, material cuyo origen y autoría hasta la fecha son debatidos. Algunos aseguran que gran parte de su material son meras invenciones, atribuidas a la senilidad de Díaz del Castillo; otros sostienen que la redacción corresponde a múltiples autores.

FELIPE II DE ESPAÑA
VALLADOLID, 1527 – EL ESCORIAL, 1598

Hijo de Carlos I de España e Isabel de Portugal, reinó en España, Nápoles, Sicilia, las Indias y Portugal, durante diferentes periodos, algunos simultáneamente. También fue rey de Inglaterra e Irlanda gracias a su matrimonio con María I, el cual duró cuatro años. Recibió un reino endeudado y se vio en la necesidad de declarar la banca rota varias veces. Asimismo, se entabló en una guerra contra Francia y el Imperio otomano. Tuvo conflictos también con Inglaterra. Se le conoció con el mote de «el Prudente» gracias a sus múltiples virtudes, aunque sus detractores coincidían en que era una persona en extremo despótica.

FDEZ. DE CÓRDOBA Y ENRÍQUEZ DE AGUILAR, GONZALO
MONTILLA, 1453 – GRANADA, 1515

Fue un militar y noble español, que estuvo, desde temprana edad, al servicio del príncipe Alfonso de Castilla. Destacó por su aguerrido carácter y por su importante participación en la Guerra de Granada. De igual manera, negoció con el monarca Boabdil la rendición nazarí de esa ciudad. Se le conoció con el mote «el Gran Capitán».

GANTE, PEDRO DE / PEDRO DE MURA
/ PIETER VAN DER MOERE.
BÉLGICA, 1480 – CIUDAD DE MÉXICO, 1572

Fundador de San José de Belén de los naturales, una escuela para instruir y evangelizar a los hijos nobles de los indígenas, también se dedicó a la enseñanza de artes y oficios. Llegó a la Nueva España en 1523, donde permanecería casi cinco décadas. Su intención era asentarse en Tenochtitlán, pero, al estar asolada por la peste, decidió partir a Texcoco. Destaca su método de enseñanza, basado en la aculturación de los indígenas, y se le atribuye gran parte de la destrucción de las producciones escritas de estos. Una de sus obras más reconocidas es *Doctrina Cristiana en Lengua Mexicana*.

GRIJALVA, JUAN DE
CASTILLA, 1490 – HONDURAS, 1528

Expedicionario que se asentó en la isla La Española antes de 1511, año en el que partió, junto con Pánfilo de Narváez, a Cuba, para lograr su posterior conquista. También participó en recorridos por Yucatán, acompañando a Francisco Hernández de Córdoba. En 1518 descubrió el territorio de Tabasco, el cual atravesaba el río que posteriormente tomó su apellido. Ahí, en Tabasco, tuvo noticias de Tenochtitlán, un lugar con abundancia de oro, según le contaran los oriundos; sin embargo, dadas sus pocas provisiones, decidió regresar a Cuba. De igual manera, participó en la exploración de la Florida en 1523.

BELTRÁN DE GUZMÁN, NUÑO
GUADALAJARA, ESPAÑA, 1490 – TORREJÓN
DE VELASCO, 1558

Hijo de Hernán Beltrán de Guzmán, alguacil de la Santa Inquisición, se embarcó a las Indias en 1526. Durante el siguiente año, llegó al territorio del Pánuco, Veracruz, donde adoptó algunas medidas políticas y militares para lograr un poder similar al de Hernán Cortés. Asiduo fanático del comercio de esclavos, ha sido calificado como «el hombre más perverso de cuantos habían pisado la Nueva España», por el jurista Vicente Riva Palacio. Fundó el Reino de la Nueva Galicia, en la región occidental del actual México, el cual formaba parte de la Nueva España, pero cuya administración y gobierno eran independientes.

HERNÁNDEZ PORTOCARRERO, ALONSO
BADAJOZ, ¿? – ESPAÑA, ¿1523?

Fue uno de los conquistadores que acompañó a Hernán Cortés en su llegada a la zona maya de América. Se destacó por haber peleado en la batalla de Centla, ocurrida en 1519 y cuando los mayas-chontales fueron derrotados por los españoles. Algunos estudiosos sostienen que la Malinche le habría sido entregada originalmente a Hernández Portocarrero, pero al descubrirse que podría ser utilizada como intérprete, pasó a volverse figura cercana de Cortés. Fue nombrado regidor de la Villa Rica de la Vera Cruz, junto con el explorador Francisco de Montejo.

JARAMILLO, JUAN
EXTREMADURA, FIN. S. XV – CIUDAD DE MÉXICO, CA. 1550

Perteneciente a una familia que había emigrado a Cuba, Jaramillo conoció en esa isla a Hernán Cortés, de quien se volvería cercano. Se le reconoce su participación activa en la batalla de Otumba y por su aguerrido brío durante la Noche Triste, cuando los españoles fueron derrotados por los aztecas. Se casó con la Malinche y tuvo una hija con ella, luego de que Marina hubiese engendrado a Martín Cortés. Fundó la ciudad de Tepeaca y le fue asignada la encomienda de Jilotepec («en el cerro de los elotes tiernos»), que llegó a ser una de las más ricas de la Nueva España.

LÓPEZ DE GÓMARA, FRANCISCO
GÓMARA, 1511 – SEVILLA, 1566

Educado en la Universidad Complutense, fue un cronista e historiador de los hechos ocurridos en la Nueva España. Fungió como profesor en la Universidad de Alcalá. Aunque nunca visitó América, redactó la *Historia General de las Indias*, cuyas fuentes fueron los escritos de fray Toribio de Benavente, Gonzalo Fernández de Oviedo, Pedro de Alvarado y las entrevistas que le hizo al propio Hernán Cortés. Varias afirmaciones que se encuentran en la obra fueron desmentidas por Bernal Díaz del Castillo, quien sí había visitado los territorios y atestiguado de primera mano los hechos. Se volvió cercano a Hernán Cortés durante las visitas de este a territorio español.

LÓPEZ DE LEGAZPI, MIGUEL
ESPAÑA, 1502 – FILIPINAS, 1572

Fue un almirante, descendiente de una familia noble guipuzcoana. Viajó al territorio mexicano de la Nueva España en 1545, donde permaneció durante 20 años, además de otros tantos en otras regiones del virreinato. El rey Felipe II le encomendó rescatar a algunos sobrevivientes de una expedición a las Filipinas, donde fundó las ciudades de Cebú y Manila. Durante su estancia en México, fungió como escribano, alcalde mayor de la ciudad y trabajador en la Casa de Moneda.

MAGALLANES, FERNANDO DE
PORTUGAL, 1480 – FILIPINAS, 1521

Hijo de un hidalgo, comenzó a servir como paje de la reina Leonor de Portugal. Fue un explorador, marino y navegante que se destacó por sus extensas circunnavegaciones. En 1517 presentó al rey Carlos un plan para llegar a las «islas de las especias» por el lado occidental. En 1519 inició un viaje hacia las Indias, en el cual pretendía establecer una nueva ruta para el comercio; sin embargo, se topó con el ahora llamado Estrecho de Magallanes, en el extremo sur de Chile. Descubrió las actuales islas Marianas en 1521 y murió en combate en Filipinas a mano de los nativos.

MENDOZA Y PACHECO, ANTONIO DE
ALCALÁ, 1490 – PERÚ, 1552

Político y militar español, aprendió a fungir como virrey dado que su padre, Íñigo López de Mendoza, se había desempeñado como capitán general de Granada por órdenes de la Corona de Castilla. Su experiencia en tratar y mediar las afrentas entre cristianos y moriscos le llevó a ser considerado para asumir el cargo de virrey en la Nueva España. Tomó el puesto en 1535, aunque no sin haberse topado con la resistencia de Hernán Cortés. Organizó diversas expediciones, creó la Casa de Moneda, ordenó que se tratara de forma digna a todos los nativos, apoyó la creación de la Real y Pontificia Universidad de México y se le otorgó el cargo como segundo virrey de Perú. Dado que no pudo establecer una línea sucesoria de virreyes en la Nueva España, envió a Carlos I un memorial en el que dejaba entrever las primeras pretensiones independentistas.

MOCTEZUMA TECUICHPO (HIJA DEL SEÑOR)
IXCAXOCHITZIN (FLOR DE ALGODÓN), ISABEL
TENOCHTITLÁN, 1509 – IBÍDEM, 1550

Hija de Moctezuma Xocoyotzin, tlatoani azteca de 1502 a 1520, su persona destaca por haber estado casada cinco veces: la primera con Cuitláhuac, su tío, hermano de Moctezuma; la segunda con Cuauhtémoc, su tío segundo; la tercera con el conquistador Alonso de Grado, quien murió en 1527; la cuarta con Pedro Gallego de Andrade, muerto en 1530; la quinta con Juan Cano de Saavedra. Además de los hijos que tuvo con su cuarto y quinto esposos, engendró otro con Hernán Cortés: Leonor Cortés Moctezuma. Debido a su linaje real, se le asignó la encomienda de Tlacopan («lugar sobre las varas»).

MOCTEZUMA XOCOYOTZIN
(EL QUE SE HACE RESPETAR, EL JOVEN)
TENOCHTITLÁN, 1466 – IBÍDEM, 1520

Fue tlatoani de Tenochtitlán de 1502 a 1520. Hijo de Axayácatl y de una hija de Nezahualcóyotl, organizó la administración central mexica para dominar a otras culturas y reguló las tributaciones. Conquistó alrededor de 450 poblaciones. En 1519 recibió noticias sobre la llegada de los conquistadores. Fue él quien comenzó a esparcir la idea de que Cortés era el dios Quetzalcóatl. Como gobernante, se dejó guiar en múltiples ocasiones por el misticismo y diversos augurios. Se han sostenido diversos dichos sobre el famoso tesoro de Moctezuma, el cual, supuestamente, los españoles intentaron robar, del palacio de Axayácatl, durante la Noche Triste. Se cree que la descendencia de Moctezuma rebasó la centena de hijos.

NARVÁEZ, PÁNFILO DE
CASTILLA, 1470 – FLORIDA, 1528

Fue un militar y conquistador que contó con la venia del gobernante de Cuba, Diego Velázquez. Al decidir Hernán Cortés que se aventuraría a explorar los territorios mexicanos, Velázquez envió a Narváez a capturar al conquistador, vivo o muerto. Narváez resultó capturado y hecho prisionero en la Villa Rica de la Vera Cruz durante dos años, y muchos de sus seguidores se unieron a las filas de Cortés. Su carácter era sanguinario, lo cual fue atestiguado por fray Bartolomé de las

Casas en Cuba, donde asesinó a centenares de nativos que lo habían recibido con comida. Exploró los territorios de la Florida por órdenes de Carlos I, quien lo nombró comisionado de ese territorio.

NEZAHUALCÓYOTL (COYOTE QUE AYUNA)
TEXCOCO, 1402 – IBÍDEM, 1472

Fungió como gobernante de la ciudad de Texcoco, pueblo aliado de los mexicas, de 1429 a 1472. Descolló por su erudición, su sensibilidad poética y por sus ideas semi-monoteístas. Debió enfrentarse en múltiples ocasiones con Tezozomoc, el señor gobernante de los tepanecas, que habitaban la región de Azapotzalco. Tezozomoc pretendía asesinar a Ixtlilxóchitl, padre de Nezahualcóyotl, quien finalmente sucumbió ante las acometidas tepanecas. Vivió exiliado hasta que algunos familiares le concedieron el indulto de Tezozomoc. De igual manera, continuó su educación noble en Tenochtitlán, cobijado por su tío Chimalpopoca. Se le conoce gracias a su labor arquitectónica tanto en el bosque de Chapultepec como sus alrededores, donde mandó tallar fuentes y acueductos, propagó especies animales y botánicas, y ordenó construir un zoológico.

NEZAHUALPILLI (SEÑOR PENITENTE)
TEXCOCO, 1464 – IBÍDEM, 1515

Hijo de Nezahualcóyotl, fue poeta y sucedió a su padre como tlatoani de Texcoco. Se proclamó en contra de la detentación del poder en Tenochtitlán, además de que acabó con la pena de muerte en relación con varias causales. Tuvo grandes diferencias con Moctezuma II, sobre todo con la llegada y penetración de los españoles dentro del territorio mexicano; incluso se cree que fue el mismo Moctezuma II quien mandó a asesinarlo.

OLID, CRISTÓBAL DE
ANDALUCÍA, 1488 – NUEVA ESPAÑA, 1525

Fue un explorador y conquistador que, inicialmente, estuvo al servicio de Diego Velázquez en Cuba. En 1519 acompañó a Hernán Cortés a la zona maya de México, para iniciar la conquista de los territorios. Se destaca por ser uno de los que logró la alianza entre los españoles y los tlaxcaltecas, con quienes derrotó a los cholultecas. Posteriormente, se enfrentó a los purépechas y a los xochimilcas. Se casó con una hermana de Moctezuma II. Fue enviado por Cortés a conquistar la región de la actual Honduras, pero decidió ponerse al servicio de su anterior jefe, Diego Velázquez, quien le prometiera designarlo gobernador de ese territorio.

OLMEDO, BARTOLOMÉ DE / BARTOLOMÉ OCHAITA
CASTILLA, 1484 – NUEVA ESPAÑA, 1524

Perteneciente a la Orden Real de Nuestra Señora de la Merced, acompañó a Hernán Cortés en sus expediciones durante la conquista del territorio mexicano. Se le encargó evangelizar a los indígenas, entre los cuales adoctrinó a Moctezuma. Bautizó a los primeros nativos, entre los que se encontraban las 20 mujeres que le habían sido ofrecidas a los conquistadores, incluida la Malinche. Estuvo encargado del Hospital de Jesús, el más antiguo del continente, cuya función era atender los padecimientos de la población en general, sin importar si fuesen españoles, indígenas o pertenecientes a las castas.

ORDAZ, DIEGO DE
ZAMORA, 1480 – VENEZUELA, 1532

Fue un militar que estuvo bajo las órdenes de Diego Velázquez en Cuba. Acompañó, posteriormente, a Hernán Cortés durante la exploración de la región sur de México. Es recordado por su valentía durante el enfrentamiento en la batalla de Centla, en Tabasco. En 1521 fue enviado a España para dar cuenta sobre la conquista de los territorios americanos. En 1525 regresó a México y le fue encomendado el rescate de Hernán Cortés, quien había partido a las Hibueras, actual Honduras. No obstante, De Ordaz prefirió argumentar que el conquistador ya había muerto. La estrategia se debió a su temor a morir de manera violenta a manos de los indígenas de la zona maya, como otros lo habían hecho. Se impuso la tarea de encontrar la mítica ciudad de El Dorado, actual Venezuela. Desistió de sus intentos y murió en altamar de regreso a España.

PATLAHUATZIN (EL MAYOR DE LO ALTO)
¿? – TLAXCALA, 1519

Embajador indígena de los toltecas, fue enviado por su pueblo a dar un mensaje a los cholultecas. La intención era solicitar a los jefes de ese pueblo que hablaran con Hernán Cortés para pedirles que se entrevistara con ellos en Tlaxcala. Pese a que existía cierto código de respeto hacia estos embajadores, los cholultecas desollaron a Patlahuatzin.

PIZARRO GONZÁLEZ, FRANCISCO
ESPAÑA, 1478 – PERÚ, 1541

Llegó a América en 1502 acompañando al conquistador Nicolás de Ovando, quien se convertiría en gobernador de la isla La Española. Junto a Vasco Núñez de Balboa, en 1513 lideró una expedición en la que descubriría el Mar del Sur. Fue nombrado gobernador de la Nueva Castilla, en la región del actual Perú. Capturó al soberano del imperio inca, Athualpa, quien, en respuesta a las creencias de su pueblo, acogió a los conquistadores como si se tratara de las deidades mencionadas en sus leyendas. Así como Cortés fue identificado con Quetzalcóatl, Pizarro lo fue con el dios Viracocha. En 152 la Corona Española le concedió el derecho a dominar la región del actual Perú.

PONCE DE LEÓN, LUIS
¿? – CIUDAD DE MÉXICO, 1526

Fue un juez español que fungió un periodo cortísimo, de menos de veinte días, como gobernador de la Nueva España. El hecho ocurrió dado que se habían esparcido rumores de que Hernán Cortés había muerto en el camino hacia las Hibueras. El conquistador había partido a ese lugar, actual Honduras, para apaciguar la rebelión de Cristóbal de Olid. El prolongado viaje que Ponce de León hiciera hacia la ciudad de México le provocó una grave enfermedad, que se sumó a los padecimientos de los que ya sufría a causa de su avanzada edad. Esa fue la causa de su muerte.

SAHAGÚN, BERNARDINO DE
SAHAGÚN, CA. 1499 – TLATELOLCO, 1590

Fue un misionero franciscano dedicado a la elaboración de crónicas y textos, tanto en castellano como en náhuatl, sobre la vida de los indígenas y su cosmovisión. Enseñó latín en el Colegio de la Santa Cruz, en Tlatelolco. Varios estudiosos consideran que fue el sacerdote que mayor dominio tuvo de la lengua náhuatl. Sus materiales resultan relevantes por incluir contenidos míticos, filosóficos, antropológicos, etnográficos… desde la perspectiva de los naturales. Entre sus fuentes se hallaban los dichos y entrevistas que realizó a los ancianos indígenas. Sus obras más importantes contemplan, entre otras, la *Historia General de las Cosas de la Nueva España* y el *Evangelario en Lengua Mexicana*.

TLALCAELEL (EL QUE ANIMA EL ESPÍRITU)
¿?, 1398 – ¿?, 1475

Hermano de Moctezuma I, fue un reformador religioso que asesoró a varios tlatoanis en una reforma religiosa que trastocó a todo el pueblo tenochca. Le fue encomendada la renovación del Templo Mayor, en la ciudad de México. Participó en la conformación de la llamada Triple Alianza entre México-Tenochtitlán, Texcoco y Tacuba. Fue padre de Nezahualcóyotl. Resulta una figura enigmática dado que, en varias crónicas, se han narrado hazañas realizadas por él, mismas que resultan inverosímiles.

TORQUEMADA, JUAN DE
ESPAÑA, 1557 – CIUDAD DE MÉXICO, 1624

Cronista oficial de la orden de San Francisco de Asís, resalta su trabajo como compilador de crónicas sobre la cultura antigua de los indígenas e historiador. Una de sus obras más reconocidas es *Monarquía Indiana*, que versa sobre los cambios de las costumbres de varios pueblos originarios, entre ellos los purépechas, totonacas y mexicas. Sus fuentes incluyeron códices, pinturas y los escritos de otros cronistas y personajes: Hernán Cortés, fray Bernardino de Sahagún, Antonio de Herrera… Fungió como guardián de tres conventos en épocas distintas, el de Tlatelolco, el de Xochimilco y el de Tlaxcala.

URDANETA Y CERÁIN, ANDRÉS DE
ESPAÑA, 1508 – CIUDAD DE MÉXICO, 1568

Marino, explorador y religioso, describió el territorio australiano y hawaiano 200 años antes que el inglés James Cook. Una ruta que va de Filipinas al puerto mexicano de

Acapulco tomó como nombre su apellido: ruta de Urdaneta. Se destaca por haber dejado escritos sobre sus navegaciones. Llegó la Nueva España con Pedro de Alvarado y se mantuvo cercano a Luis de Velasco, quien fungió como segundo virrey.

VALENCIA, MARTÍN DE
LEÓN, 1474 – NUEVA ESPAÑA, 1534

Formó parte del grupo conocido como los Doce Apóstoles, misioneros que llegaron en 1524 a América, entre los que se encontraba fray Toribio de Benavente. La encomienda de estos religiosos era convertir a los indígenas al cristianismo, labor en la cual Valencia destacó gracias a su buen trato hacia los nativos y su sencillez. Es considerado el principal promotor del catolicismo en la Nueva España.

VELÁZQUEZ DE CUÉLLAR, DIEGO
ESPAÑA, 1465 – CUBA, 1524

Descendiente de una familia noble española, formó parte de la tripulación en el segundo viaje de Cristóbal Colón a América. Se desempeñó como gobernante de Cuba de 1511 a 1524. Fue quien envió la expedición de Juan de Grijalva y Pedro de Alvarado a las costas del actual Yucatán. Alentó a Cristóbal de Olid para rebelarse contra Hernán Cortés sugiriéndole apoderarse del territorio hondureño, lo cual le costaría a Olid la vida. Fundó varias poblaciones tanto en la isla La Española como en la propia Cuba, entre ellas la capital: La Habana.

Cronología general

100 - 200	Se completa el edificio más imponente de Teotihuacán: la pirámide del sol.
700	Teotihuacán comienza a decaer debido a las continuas incursiones de los bárbaros del norte a sus tierras de cultivo.
750	Teotihuacán es devastada por una invasión. Gran parte del centro de la ciudad fue saqueada e incendiada. Durante esta etapa, las otras grandes civilizaciones mexicanas (los oaxaqueños en torno a Monte Albán, y los mayas, en Yucatán y Guatemala) se derrumbaron también.

950 - 1000	Se establecen, al norte del valle, en la cuenca de Tula, tribus descendientes de los saqueadores y de los propios teotihuacanos. A tales grupos se les denominó toltecas, que significa «constructores» en el idioma nahua que hablaba la mayoría de los habitantes del Valle de México. El reinado tolteca persistió aproximadamente 200 años. Grandes sequías, heladas y sobre todo factores humanos, como las incursiones bárbaras, las conquistas de aquellas épocas, determinaron la destrucción de Tula y de la cultura tolteca a mediados del siglo XII.
1240-1280	A mediados del siglo XIII, los aztecas llegaron, hambrientos y en estado salvaje, al borde de los cuerpos de agua del valle. Los tepanecas fueron los únicos que permitieron a esa tribu del norte establecerse al poniente de los lagos, en Chapultepec. Los aztecas, entonces, iniciaron la transición de una existencia de cazadores y recolectores a un modo de vida agrícola y sedentario. Prosperaron rápidamente.
1300	Durante las primeras décadas del siglo XIV, los aztecas ocuparon un pequeño islote del lago de Texcoco. Fundaron una pequeña ciudad, llamada Tenochtitlán. Evolucionaron hasta volverse una sociedad más autoritaria y estratificada.
1375	Acamapichtli se convierte en el primer monarca azteca.

1440 - 1519   Apogeo de la cultura azteca, con una sucesión de distintos monarcas. Aumentan notablemente la superficie de su islote mediante el sistema de chinampas: rellenos de tierra donde se cultivaba. Comercian con el resto de ciudades ribereñas de los lagos y logran una revolución en los transportes lacustres, gracias a barcazas y canoas. Con ello compensaban la ausencia total de animales de carga (desde el punto de vista europeo). Establecen alianzas con las principales familias de los poblados aledaños más poderosos.

1485   Nace Hernán Cortés en Medellín, Extremadura.

1487   Se inaugura el Templo Mayor mexica. Fue la celebración más importante en la historia de ese pueblo. La construcción duró varias décadas. Tocó al *tlatoani* (monarca) Ahuítzotl presidir la ceremonia, en la cual se sacrificó a 20.000.

1492   2 de enero. Las tropas castellanas toman Granada. El rey Boabdil entrega las llaves de la ciudad a los reyes católicos.

    12 de octubre. Colón descubre las nuevas tierras que después se llamarían América.

1499   Cortés acude a Salamanca a estudiar en la universidad. Aprende latín y principios legales.

1504	Viaja Cortés a Santo Domingo en la flota de Alonso Quintero y se inicia como soldado en la pacificación de la isla.
1511	Cortés acompaña a Diego Velázquez a la conquista de Cuba. Se convierte en alcalde de Santiago de Baracoa. Se desempeña como empresario agrícola, ganadero y minero.
1517	Sale de Cuba la expedición de Francisco Hernández de Córdoba, misma que descubre Yucatán y Campeche. Después toma rumbo a la Florida.
1518	La expedición de Juan de Grijalva parte de Cuba, toca Cozumel y varias poblaciones del Golfo de México.
1519	Sale de la isla de Cuba la expedición de Cortés.
	25 de marzo. Ocurre la batalla de Centla.
	21 de abril. Llegada a Veracruz.
	22 de abril. Fundación de la Villa Rica de la Vera Cruz.
	24 de abril. Los conquistadores reciben los primeros regalos de los mensajeros de Moctezuma.
	24 de julio. Cortés manda desmantelar las naves.
	18-23 de septiembre. Llegan a Tlaxcala. Diego de Ordaz asciende al volcán Popocatépetl.
	16 - 18 de octubre. Matanza de Cholula.

1519 (continuación)	8 de noviembre. Entrada a Tenochtitlán, donde los recibe Moctezuma.
	14 de noviembre. Los conquistadores toman prisionero a Moctezuma.
1520	Llega la expedición de Pánfilo de Narváez a la costa.
	A mediados de mayo, ocurre la matanza del Templo Mayor. Se desencadena la guerra de los mexicas contra los españoles.
	27 - 28 de mayo. Muerte de Moctezuma. Lo sucede Cuitláhuac, décimo señor de México.
	30 de junio. Derrota de la Noche Triste y salida de los españoles de la Ciudad de México.
	7 de julio. Se libra la batalla de Otumba.
1521	Enero–abril. Llegan refuerzos indígenas que casi duplican el ejército de Cortés.
	30 de mayo. Se inicia el sitio de Tenochtitlán.
	13 de agosto. Captura de Cuauhtémoc y rendición de México-Tenochtitlán.
	Se inicia la construcción de la nueva ciudad de México en Noviembre.
1522	En diciembre se constituye el primer cabildo de la ciudad de México.

1523	26 de junio. Carlos V instruye a Cortés sobre el tratamiento a los indios.
	13 de agosto. Llegan a Veracruz los tres franciscanos flamencos: Tecto, Aora y Gante.
1524	13 de mayo. Arriba a Veracruz el «grupo de los doce», franciscanos encabezados por fray Martín de Valencia. Entre ellos viajaba fray Toribio de Benavente (Motolinía). El 17 de junio entran a Tenochtitlán y los recibe Hernán Cortés.
	25 de julio. Fundación de Santiago de Guatemala por Pedro de Alvarado. Comienzan a construirse, en Ciudad de México, la primera Iglesia Mayor y la primera iglesia de los franciscanos.
	12 de octubre. Sale de la Ciudad de México la expedición de Cortés a las Hibueras.
1525	28 de febrero. Cuauhtémoc y Tetlepan-quétzal son ahorcados, el 28 de febrero, por orden de Cortés, en Acalan, dentro de la selva de Centroamérica, camino a las Hibueras.
1526	20 de junio. Carlos V ordena a Cortés preparar una armada para auxiliar a García de Loaísa y Caboto en las Molucas. El 31 de octubre de 1527, finalmente parten de Zihuatanejo tres naves al mando de Saavedra Cerón.

1526 (continuación)	27 de junio. En su último acto como gobernante, Cortés hace donación de tierras a las hijas de Moctezuma.
	2 de julio. El juez Ponce de León le toma a Cortés el juicio de residencia y le quita la gobernación. El 20 de julio, muere el juez.
1528	Mediados de abril. Cortés parte de Veracruz y viaja a España.
	Julio. Primera entrevista con el emperador Carlos V en Toledo.
	Segundo semestre. Visita el santuario de la Virgen de Guadalupe, en Extremadura.
1529	16 de abril. Hernán Cortés envía a Roma, al Papa Clemente VII, regalos y exhibiciones de los indios. Obtiene bulas para legitimar a tres de sus hijos. Concede el patronato del Hospital de la Concepción de Jesús y los diezmos de sus tierras.
1530	Hacia marzo, Cortés regresa a la Nueva España con una comitiva de 400 personas, entre ellas su madre, doña Catalina Pizarro, y su nueva mujer, doña Juana de Zúñiga.
1531	Enero. Hernán se instala en Cuernavaca, toma posesión de vastas regiones y comienzan los problemas con la Real Audiencia.
	9 - 12 de diciembre. Ocurre la «aparición» de la Virgen de Guadalupe ante Juan Diego en el cerro del Tepeyac.

1532	Noviembre 1532 – octubre 1533. Cortés se instala en una choza en la playa de Tehuantepec para supervisar en el astillero que allí tiene. Vigila de cerca la construcción de naves para sus expediciones.
1535	15 de noviembre. Llega a la ciudad de México el primer virrey de la Nueva España, don Antonio de Mendoza
1536	Vuelve Cortés a Acapulco, proveniente de su tercera expedición a Baja California, donde había fundado La Paz. En seguida, envía dos naves a Perú, al mando de Hernando de Grijalva, con soldados, armas, víveres y regalos para Francisco Pizarro, quien se encontraba sitiado en Lima.
1537	Inicia la operación de una ruta naviera para comerciar con Panamá y Perú desde Huatulco (hoy estado de Oaxaca, en la costa suroeste de México).
1538	Cuarta expedición a la Mar del Sur (océano Pacífico). Salen de Acapulco tres navíos al mando de Francisco de Ulloa. Son los viajes que preceden las exploraciones de descubrimiento de la actual Unión Americana. Cortés frecuenta sus minas en Taxco.
1539	Cortés se embarca para España con su hijo Martín, el sucesor. El viaje culminaría en enero de 1540.
1540	Desde Madrid, Hernán envía un memorial reclamando a Carlos V los agravios que le hiciera el virrey Mendoza. Da seguimiento a procedimientos legales, reclamando derechos y deudas con la Corona. Alterna su tiempo en vida social con altísimas personalidades. Cumple 55 años.

1541	Desastre de Argel. Cortés se alista con sus hijos Martín y Luis. No es invitado al consejo de guerra y mantiene mala relación con la alta burocracia administrativa.
1543	Cortés asiste a la boda del príncipe Felipe con María de Portugal.
1543-1546	El conquistador atiende diversas reclamaciones relacionadas con el Consejo de Indias, los tribunales, la burocracia y la Corona.
1547	Las múltiples deudas, los gastos de sus dominios, el costo de sus juicios y diversos honorarios agobian a Cortés.
	11 - 12 de octubre. Dicta testamento.
	2 de diciembre. Muere por la noche, en Castilleja de la Cuesta, Hernán Cortés. En la mañana deshereda a su hijo Luis por haberse casado con la hija de Bernardino Vázquez de Tapia, conquistador también, y enemigo de Cortés.

Bibliografía

Aceves, Manuel: «El mexicano: Alquimia y mito de una raza». México: Cuadernos de Joaquín Mortiz, 1991.

Basave Benítez, Agustín: «México mestizo». México: Fondo de Cultura Económica, 1992.

Basave Benítez, Agustín: «Mexicanidad y esquizofrenia, los dos rostros del mexijano». México: Océano, 2010.

Basave Fernández del Valle, Agustín: «Vocación y estilo de México». México: Fundamentos de la Mexicanidad: Limusa, 1989.

Belloc, Hilaire: «Oliverio Cromwell». Barcelona: Juventud, 1971.

Campillo Cuautli, Héctor: «La Nación Mexicana. Sus orígenes». México: Luis Fernández G. editor, 1950.

Cortina Portilla, Manuel: «Las nueve sepulturas de Cortés». México: Con, S.A. de C.V1, 1993.

De Madariaga, Salvador: «Hernán Cortés». Buenos Aires: Sudamericana, 1941.

De Madariaga, Salvador: «Cristóbal Colón». México: Círculo de Lectores, 1995.

De Sahagún, fray Bernardino: «Historia general de las cosas de Nueva España». México: Porrúa, 1979.

Descola, Jean: «Hernán Cortés». Barcelona: Juventud, 1954.

Díaz del Castillo, Bernal: «Historia verdadera de la conquista de la Nueva España». México: Alianza, 1991.

Duverger, Christian: «Cortés, la biografía más reveladora». México: Taurus, 2005.

Duverger, Christian: «Crónica de la eternidad». México: Taurus, 2012.

Fuentes Mares, José: «Cortés el hombre». México: Grijalbo, 1981.

Gala, Antonio: «El manuscrito carmesí». México: Planeta, 1990.

Harari, Yuval Noah: «De animales a dioses. Breve historia de la humanidad». México: Debate, 2017.

Kandell, Jonathan: «La capital». Buenos Aires: Javier Vergara editor, 1990.

León, Francisco: «Autoayúdate que Dios te autoayudará. Aforismos de Carlos Monsiváis». México: Seix Barral, 2011.

León-Portilla, Miguel: «Hernán Cortés y la Mar del Sur». Madrid-México: Algaba, 2005.

León-Portilla, Miguel: «Visión de los vencidos». México: UNAM, 2018.

López Portillo Pacheco, José: «Mis Tiempos». México: Fernández Editores, 1998.

López Portillo y Weber, José: «La Conquista de la Nueva Galicia». México: UNAM, 1976.

Lowney, Chris: «El liderazgo al estilo de los jesuitas». Bogotá: Norma, 2004.

Martínez, José Luis: «Hernán Cortés» México: Fondo de Cultura Económica, 1990.

Miralles, Juan: «Hernán Cortés, inventor de México». España y México: Tusquets, 2001.

Paz, Octavio: «El laberinto de la soledad». México: Fondo de Cultura Económica, 1950.

Paz, Octavio: «Sor Juana Inés de la Cruz o las trampas de la fe». México: Fondo de Cultura Económica, 1982.

Restall, Matthew: «Cuando Moctezuma conoció a Cortés». México: Taurus, 2019.

Rodríguez, Mauro y Villaneda, Alicia: «Los 10 engaños al pueblo de México». México: Cincel, 2003.

Sánchez-Pérez, J.M.: «Lo Hispánico». México: Costa-Amic, 1970.

Shedd, Margaret: «La Malinche y Cortés». México: Diana, 1974.

Thomas, Hugh: «La Conquista de México». México: Patria, 1999.

Tibón, Gutierre: «Historia del nombre y de la fundación de México». México: Fondo de Cultura Económica, 1975.

Vasconcelos, José: «Breve historia de México». México: Trillas, 1937.

Vasconcelos, José: «Hernán Cortés, creador de la nacionalidad »(4ª ed.). México: Jus, 1941.

Vasconcelos, José: «La raza cósmica» (4ª ed.). México: Espasa-Calpe, 1976.

Vélez, Iván: «El mito de Cortés». Madrid: Encuentro, 2017.

White, Matthew: «El libro negro de la humanidad: crónica de las grandes atrocidades de la historia». España-Argentina: Crítica, 2012.

Zunzunegui, Juan Miguel: «Hernán Cortés. Encuentro y conquista» (1a ed.). México: Grijalbo, 2020.

Zweig, Stefan: «Magallanes». España: Random House Mondadori, 2005.

CONFERENCIA

De Ballester, Pablo: «La Malinche». México: Ciclo de conferencias «Los grandes calumniados», 1979.

ESCRITOS INÉDITOS

López Portillo y Weber, José, «El troquel de Hernán Cortés». México, 1950.

Queijeiro, Elisa: «Escritos varios sobre la mujer prehispánica». México, 2019.

ARTÍCULO

Sola Ayape, Carlos: «Entre el catolicismo y la españolidad. Las claves del pensamiento del hispanista mexicano Jesús Guisa y Azevedo». Compendio «Intelectuales Católicos», El Colegio de Jalisco, primera edición, México, 2019.

www.ingramcontent.com/pod-product-compliance
Lightning Source LLC
Chambersburg PA
CBHW051950090426
42741CB00008B/1336